Kurt Tepperwein

Ein neuer Mensch in einem Tag

Kurt Tepperwein

Ein neuer Mensch in einem Tag

SILBERSCHNUR VERLAG

HINWEIS: Aus Gründen der besseren Lesbarkeit wird bei Personenbezeichnungen und personenbezogenen Hauptwörtern in diesem Buch die männliche Form verwendet. Entsprechende Begriffe gelten im Sinne der Gleichbehandlung grundsätzlich für alle Geschlechter. Die verkürzte Sprachform hat nur redaktionelle Gründe und beinhaltet keine Wertung.

FSC www.fsc.org
MIX
Papier aus verantwortungsvollen Quellen
FSC® C014138

ISBN: 978-3-96933-067-8

1. Auflage 2023

Umschlaggestaltung & Satz: XPresentation, Güllesheim
Druck: Finidr, s.r.o. Cesky Tesin

Verlag »Die Silberschnur« GmbH · Steinstr. 1 · 56593 Güllesheim
www.silberschnur.de · E-Mail: info@silberschnur.de

Inhaltsverzeichnis

Einleitung

Die zwei Seiten in uns, die gibt es. Die eine ist die »Gute«, die lieben wir besonders. Die andere ist die, die uns weniger begeistert. Ich möchte hier aber nicht vom Charakter oder von den so genannten »positiven« und »negativen« Eigenschaften sprechen, denn keine davon ist besonders rühmlich. Eigenschaft bleibt Eigenschaft und ist somit Bestandteil der Dualität. Vielmehr spreche ich von dem Bewusstsein und vom unbewussten Sein – von der Herz- und der Verstandesseite. Man könnte es auch die »Engerl- und die Teuferlseite« nennen. Es geht also nicht um die negativen und positiven Gedanken, sondern um Einbildung und Wahrheit, um Illusion und Wirklichkeit.
Mit guten Taten und guten Gedanken können wir uns vielleicht vorübergehend wohler fühlen, aber es wird sich dadurch nicht wirklich etwas ändern. Es geht darum, über das menschliche Dasein hinauszugehen und sein wahres Wesen zu ergründen. Theorien und Übungen können uns zwar eine Zeit lang ablenken und beschäftigen, doch um uns selbst wirklich näherzukommen, bedarf es mehr.

Alle Hilfestellungen und Anleitungen in diesem Buch sind also nur Mittel zum Zweck, solange wir noch »Stützen« benötigen. Und diese Stützen sind sehr wirksam, wertvoll und hilfreich, denn nur über das Leben, die Wanderung über die Materie, werden wir wieder zu Bewusstsein kommen. Die Illusion kann nur mithilfe der Illusion durchschaut werden.

Nutzen Sie den Tag, ja jeden Augenblick, um sich selbst zu ergründen und nicht in der Illusion stecken zu bleiben. Ein neuer Mensch zu sein, bedeutet nicht seine Eigenschaften zu ändern, sondern sich als Bewusstsein zu erfahren.

Ich wünsche Ihnen dabei alle Kraft der Welt

Ihr Kurt Tepperwein

Der Entscheidungstag in Ihrem Leben

Sie können nicht nur sich, sondern auch Ihr ganzes Leben neu erfinden, um Ihren Wunschtraum zu verwirklichen. Die Realität ist JEDERZEIT bereit, JEDE gewünschte Form anzunehmen. Der erste Schritt, dies zu tun, ist, sich Zielklarheit zu verschaffen. Sie sollten schon wissen, was Sie wollen, denn wer nicht weiß, wo er hin will, kommt wahrscheinlich genau dorthin, wo er gar nie hin wollte. Die meisten Menschen wissen zwar, was sie NICHT wollen, aber kaum jemand weiß wirklich, was er will. Also klären Sie nicht nur, WIE Sie sein wollen, sondern auch WO Sie hin wollen. Zielklarheit ist die wichtigste Voraussetzung für ein erfülltes Leben. Erst wenn Sie wissen, was Sie wollen, können Sie es auch erreichen, denn nur was Sie verinnerlicht haben, kann außen in Erscheinung treten.

Also machen Sie sich einmal bewusst: Was ist Ihr Traumberuf, Ihre wahre Berufung? Wie sieht Ihre traumhafte Beziehung aus? Wie viel Wohlstand gehört zu Ihnen? Welchen Erfolg wollen Sie erleben?

Werden Sie also »Lebens-Architekt« und »Zukunfts-Designer«, indem Sie sich Ihren Wunschtraum JETZT verwirklichen. Wie sehen Ihre Träume und Wünsche aus und was haben Sie bisher verwirklichen können?

Und warum haben Sie es bisher nicht verwirklicht?

Spielen Sie ganz bewusst das »Spiel des Lebens«, worin Sie der Gewinner sind. Alles beginnt mit Ihrer bewussten Entscheidung. Geben Sie sich das Versprechen, Ihr Ziel auf jeden Fall zu erreichen, indem Sie nicht damit aufhören es zu erreichen, BEVOR es sich verwirklicht hat. Die größte Veränderung geschieht dabei in EINEM TAG und wenn Sie wollen, dann ist das HEUTE. Wenn Sie JETZT bereit dazu sind, dann wird sich alles ändern. Öffnen Sie sich für das Experiment und staunen Sie, welche Ergebnisse Sie erzielen. Den ersten, wichtigsten Schritt haben Sie dann getan, wenn Sie sich unwiderruflich und von ganzem Herzen für diese Veränderung entschieden haben. Ein japanisches Sprichwort sagt: »Der erste Schritt ist die Hälfte des Weges«. Und wenn dann die weiteren Schritte folgen, dann wird Ihr Erfolg nicht mehr aufzuhalten sein.

In vielen Bereichen unseres Lebens folgen wir ganz unbewusst immer den gleichen Bewegungsmustern und erzielen so auch immer wieder die gleichen Ergebnisse.

Machen wir dazu einen einfachen Test:

Verschränken Sie einmal Ihre Arme, so wie Sie das immer tun. Machen Sie sich nun bewusst, welcher Arm oben liegt, der linke, oder der rechte. Ganz gleich, welcher bei Ihnen oben liegt, verschränken Sie nun einmal Ihre Arme so, dass der andere Arm oben liegt. Wahrscheinlich haben Sie damit die gleichen Schwierigkeiten, wie die meisten Menschen, dabei ist das nur eine Gewohnheit, es so zu machen. Sie denken gar nicht mehr darüber nach, sondern machen es einfach auf Ihre Weise.

Ein anderer Test:

Falten Sie einmal Ihre Hände. Schauen Sie, welcher Daumen dabei oben liegt. Öffnen Sie Ihre Hände noch einmal und falten Sie sie nun so, dass der andere Daumen oben liegt. Der Grad der Schwierigkeit zeigt, wie »eingefahren« wir mit unserem Verhalten sind. Bevor Sie sich also neu er-finden, sollten Sie zuerst einmal diese festen Verhaltensweisen loslassen. Der erste Schritt ist immer das loszulassen, was nicht mehr wirklich zu Ihnen gehört, damit Sie frei werden, für Ihr neues Leben.

So optimieren Sie Ihr Leben

Es gibt einige ganz einfache und sehr effektive Schritte, die unser Leben in geradezu unglaublicher Art und Weise verändern. Es genügt aber nicht, diese Schritte zu kennen, man muss sie auch anwenden!

Der erste Schritt ist, NUR noch Positives und Hilfreiches zu denken. Dabei kann anfangs eine »mentale Diät« sehr hilfreich sein und das heißt, nur Positives anzuschauen, anzuhören, zu lesen, aufzunehmen etc., und sich auch nur mit stimmigen Dingen zu umgeben. Was nicht gleich auf Anhieb »richtig« war, wird sofort mental »umerlebt«.

Der zweite Schritt ist, sich STÄNDIG bewusst zu sein, WER oder WAS ich wirklich bin. Und ich tue nur noch »als der«, der ich bin, genau das, was JETZT stimmt. Es reicht natürlich nicht aus, zu wissen, dass ich nicht der Körper bin. Doch finden Sie es heraus und halten Sie Ausschau nach Ihrem wahren SEIN. Genau dazu haben Sie auch einen Körper bekommen. Also nutzen Sie ihn auch dazu.

Der dritte Schritt ist, sich gesund zu ernähren. Sich bewusst zu sein, dass das, was ich gerade esse, das »Baumaterial« ist, um den Zustand meines Körpers und meine Gesundheit zu formen. Lichtnahrung bedeutet nicht NICHTS zu essen, sondern lichte Nahrung zu sich zu nehmen. Lichte Nahrung sind lebendige Lebensmittel, die viel Licht und Sonne gespeichert haben. Esse ich, um zu leben oder lebe ich, um zu essen? Ihre Zellen sind auf gute Baustoffe angewiesen und je bewusster die Nahrungsaufnahme und die Nahrung selbst sind, umso transparenter und feinfühliger werden Sie. So beschweren Sie Ihr Instrument Körper nicht auch noch zusätzlich. Das Trinken ist auch ein wichtiger Faktor. Genügend gutes Wasser zu trinken ist das, was zählt, denn Wasser ist nicht gleich Wasser. Zur optimalen Ernährung gehört natürlich auch das richtige Atmen, denn Sauerstoff ist unser »Grundnahrungsmittel«. Die Qualität der Luft wird weitgehend von Ihrem Bewusstsein bestimmt, als WER ich atme. Um genügend tief zu atmen, brauchen Sie ausreichend Bewegung an der frischen Luft.

Der vierte Schritt ist, in einer idealen Beziehung zu leben und eine gute Beziehung zu anderen Menschen zu haben. Dies ist von der Beziehung abhängig, die Sie zu SICH selbst haben. Sich zu achten, sich selbst der beste Freund und wirklich gut zu sich zu sein. Die Beziehung zu anderen ist nicht davon abhängig, wie sich der andere verhält, sondern wie Sie dem anderen gegenübertreten. Fangen SIE deshalb am besten gleich damit an, in allen Lebensbereichen ein idealer Partner zu sein. Was auch immer der andere tut, kümmern Sie sich nicht darum. Seien Sie einfach bedingungslos ideal.

JEDER dieser Schritte bringt Sie – auch einzeln angewendet – einen Sprung voran. Ganz gleich mit welchem Schritt Sie beginnen, wichtig ist, dass Sie Ihre Bereitschaft etwas zu ändern auch LEBEN. Ruhen Sie einfach IN JEDER SITUATION friedlich in sich – in Ihrer Mitte – und tun Sie immer nur das, was zu tun ist: was JETZT »stimmt«.

Das ist es, was Sie Ihrer Zukunft »schuldig« sind, denn kein Mensch kommt auf diese Welt, ohne VORHER beschlossen zu haben, nach dem Bewusstsein Ausschau zu halten. Wenn Sie einen Weg wirklich konsequent gehen, führt JEDER eingeschlagene Weg ans Ziel. Und das Schöne daran ist, Sie können IN JEDEM AUGENBLICK damit beginnen. Und wenn Sie sich in diesem Moment angesprochen fühlen und eine Veränderung wollen, dann kann das JETZT sein und Ihr NEUES LEBEN hat bereits begonnen.

Beginnen Sie Ihr »neues Leben« deshalb behutsam und mit liebevoller Geduld. Sie werden sich in diesem einen Tag zwar schon grundlegend verändern, doch hier beginnt erst ein Prozess, der ein ganzes Leben lang dauert. Beginnen Sie IMMER mit dem Leichtesten, dann haben Sie sofort ein ermutigendes Erfolgserlebnis, das Sie für den nächsten und größeren Schritt »bereit macht«. Wenn Sie Ihr Ziel immer vor Augen haben, wird Ihnen das Leben auf ungewöhnliche Weise behilflich sein und Ihnen Möglichkeiten und Chancen bieten, von denen Sie jetzt einmal zu hoffen wagen. Das einzig Sichere im Leben ist die Veränderung, denn alles obliegt einem ständigen Wandel. Genießen Sie jede noch so kleine Veränderung, denn das, was jetzt so war, kommt so nie mehr wieder.

KAI-ZEN wird Ihnen dabei hilfreich sein. KAI-ZEN bedeutet, JEDEN Tag ein bisschen besser zu sein, als am Tag zuvor. Machen Sie es sich zur Gewohnheit, JEDEN Tag einen neuen Schritt zu tun. Machen Sie sich JEDEN Tag bewusst:

Was mache ich heute besser als gestern?

Was mache ich morgen besser als heute?

Was ist heute mein neuer Schritt?

Wer etwas anderes will, MUSS etwas ändern! Eine Änderung wird erst wirksam, wenn sie zur Gewohnheit geworden ist. Praktiziertes KAI-ZEN lässt Sie täglich besser werden und Ihre Entwicklung wird nicht mehr aufzuhalten sein.

Loslassen: Der Beginn, frei zu sein

Was immer Sie erreichen wollen, das BISHER sollte dazu losgelassen werden. Überholte Programme und alte Gewohnheiten einfach loslassen? Geht das denn so einfach? Mit der praktischen Schritt-für-Schritt-Methode kann alles sofort »vollziehend« losgelassen werden.

Loslassen ist das vielleicht faszinierendste Abenteuer, das das Leben zu bieten hat. Sobald Sie losgelassen haben, werden einige Probleme, Schwierigkeiten und Mängel aus Ihrem Leben verschwinden. Auch das Leid kann dadurch verabschiedet werden.

Das Erste, das Sie loslassen sollten, ist Ihre Vorstellung, Ihre Erwartung und Ihr Urteil und plötzlich erleben Sie das Leben unmittelbar, so wie es ist. Sie treten ein in die Wirklichkeit des SEINS und nehmen die Dinge spontaner, direkter und komplett unverfälscht wahr.

Bevor Sie damit beginnen, Ihr »neues« Leben zu wählen, müssen Sie erst einmal loslassen, was nicht mehr dazugehört. Die Neugestaltung Ihres Lebens beginnt immer mit diesem wichtigen Schritt. Zuerst wird ein Raum geschaffen, wo Neues Platz finden kann. Deshalb lassen Sie also zunächst ALLES, wirklich ALLES los, was nicht mehr dazugehört. Und wundern Sie sich nicht, aber es wird sehr viel sein. Vielleicht ist Ihre Tätigkeit gar nicht mehr Ihr Traumberuf, also lassen Sie sie los. Vielleicht haben Sie derzeit noch Misserfolg, also lassen Sie ihn los. Vielleicht leben Sie im Mangel, also lassen Sie zunächst einmal den Mangel los. Alles LOSZULASSEN bedeutet nicht, dass Sie sofort Ihre Arbeitsstelle kündigen sollen und Ihren Partner auf die Straße setzen. LOSLASSEN geschieht nicht im Außen, sondern im INNERSTEN.

LOSLASSEN bedeutet BINDUNGEN aufzugeben und die Dinge nicht mehr als SEINEN Besitz, sein EIGENTUM, seine EIGENSCHAFT, seine Tätigkeit etc. anzusehen.

Was Sie unbedingt loslassen sollten, ist Ihre Vergangenheit. Erstens ist sie vorbei und zweitens hatte sie mit Ihnen nie wirklich etwas zu tun. Sie haben sich vielleicht damit identifiziert, doch Ihre Seele haben diese Ereignisse niemals berührt. Und das ist das, was Sie in Wirklichkeit sind: eine Seele. Sie sind nicht der Körper, SIE haben einen! Sie haben auch eine Wohnung, aber sind Sie deshalb Ihre Wohnung oder fühlen Sie sich in etwa so?

Ziehen Sie gleich hier und JETZT den »Rucksack Ihrer Vergangenheit« aus. Stellen Sie ihn ab und lassen Sie ihn einfach am Wegesrand liegen. Vielleicht stört sich Ihr Umfeld daran, aber das macht nichts, wenn Sie diesem Rucksack einfach keine Beachtung mehr schenken. Nur so werden Sie leicht und frei durch dieses faszinierende Abenteuer »Leben« gehen können. Das Abenteuer dieses faszinierenden Lebens wartet nicht nur auf Sie, sondern auch auf Ihre Anweisungen.

Wenn Sie ALLES Unvollkommene losgelassen haben, dann SIND Sie vollkommen.

Verurteilung loszulassen ist natürlich auch ein wichtiger Schritt, um in das »neue Leben« einzutreten. Verzeihen ist zwar ein heilsamer Weg, doch wenn Sie jemandem verzeihen, dann sind Sie immer noch der Annahme, dass er etwas falsch gemacht hat oder besser hätte machen können. Er hat nichts falsch gemacht, nur SIE waren nicht damit einverstanden. Also gilt es, Ihre Sichtweise zu ändern und nicht Dinge zu bemängeln, die nicht Ihrem Geschmack entsprechen. Die Dinge sind nicht dazu da, um Ihnen zu gefallen. Wissen Sie warum?

Weil die Dinge so sind, wie sie nun mal sind und sie brauchen keinen Grund dazu, um so zu sein, wie sie sich ergeben.

Loslassen durch »Replacement«

Unser Verstand hat eine Schwäche: Er kann immer nur einen Gedanken denken und nur einem Programm folgen. Das aber wird zur Stärke, wenn Sie bewusst bestimmen, was Sie denken und WIE Sie sich verhalten.

Sie brauchen daher ein unerwünschtes Verhalten erst gar nicht zu löschen, sondern können es einfach durch ein erwünschtes Verhalten ersetzen. Diese erwünschten Verhalten werden durch die Macht der bewussten Wiederholung vertieft und über die »kausalen Wandlungspunkte« in Ihrem Unterbewusstsein verankert, sodass es zur Gewohnheit werden kann. Wählen Sie daher bewusst die einzelnen Aspekte Ihres Verhaltens aus und erfüllen Sie sich damit, sodass kein Raum mehr für das unerwünschte Gegenteil bleibt.

> Wenn Sie also bewusst positiv denken, bleibt kein Raum mehr für das bisherige negative Denken.

Wenn Sie ein bewusster Schöpfer sind, bleibt kein Raum mehr für das bisherige Opferbewusstsein.

Wenn Sie bewusst erfolgreich sind, bleibt kein Raum mehr für einen Misserfolg.

Wenn Sie ein bewusster Gewinner sind, bleibt kein Raum mehr für einen Verlierer.

Wenn Sie sich bewusst mit Glücklich-SEIN erfüllen, bleibt kein Raum mehr für das Unglücklichsein.

Sie lassen also los, indem Sie den davon bisher besetzten Raum mit einem erwünschten Gedanken oder Verhalten ausfüllen. Ersetzen Sie so JEDEN Gedanken, jedes Verhalten, so wie es auftaucht durch das Erwünschte und erleben Sie, wie sich Ihre Persönlichkeit, Ihr ganzes Leben dadurch verwandelt, denn wenn Sie etwas ändern, MUSS sich auch in Ihrem Leben etwas ändern. Das Leben kann sich ja nur so zeigen, wie Sie sich zeigen. Es heißt nicht umsonst, dass was SIE ins Leben hineingeben, kommt zurück. Das Leben ist ein Spiegelbild Ihres SO-SEINS.

Sie können sich so ganz neu »er-finden« und sich eine erwünschte Persönlichkeit mit einem Gewinnerbewusstsein erschaffen. Um die Verwandlung Ihres Lebens brauchen Sie sich dabei gar nicht zu kümmern, denn die geschieht ganz von selbst, sobald sich Ihre »energetische Signatur«,

Ihre Ausstrahlung, verändert hat. Sie ganz alleine gestalten bewusst die Welt Ihres Soseins und erleben, wie sich im gleichen Augenblick auch Ihr Leben verändert. Die Realität ist jederzeit bereit, JEDE gewünschte Form anzunehmen, aber erst wenn sich die UR-Sache verändert, WIRD sich auch die Realität verändern. Sie müssen also gezielt die Ursache für all das sein, was sich in Ihrem Leben einstellen soll. Eines Tages leben Sie ganz bewusst als ein Schöpfer – als der Sie »gemeint« sind – und werden damit im Ein-Klang mit sich selbst sein.

Machen Sie sich bewusst, dass Sie genau diesen Weg kein zweites Mal gehen werden und das Leben ist zu kurz und zu wertvoll, um es einfach dem Schicksal zu überlassen.

In drei Schritten LOSLASSEN

Eigentlich ist Loslassen ganz einfach, denn wenn ich nicht mehr festhalte, sorgt die Schwerkraft zuverlässig dafür, dass alles von mir abfällt, was nicht mehr zu mir gehört. Ist das nicht der Fall, dann habe ich nicht wirklich losgelassen. Also gibt es noch einen Grund, daran festzuhalten. Es geht also gar nicht nur ums Loslassen selbst, sondern darum zu erkennen, WESHALB ich festhalte. Es kann eine Angst dahinterstecken, oder eine Sehnsucht nach etwas, oder ein Zorn über etwas. Erst wenn ich das WARUM erkenne, KANN ich auch sicher sein, wirklich loslassen zu können.

Der erste Schritt ist die Definition.

Definieren Sie zunächst einmal genau, WAS Sie loslassen möchten. Das könnten Ärger, Stress, Angst, Empfindlichkeit, Krankheit, Leid, eine nicht erfüllende Tätigkeit, Probleme, die Opfermentalität, ein falsches Selbstbild, ein Mangel, falsche Gewohnheiten, Überzeugungen, Misserfolge, Schuldgefühle, das Urteilen etc. sein. Vielleicht wollen Sie aber auch etwas beenden, das Wollen und Wünschen sein lassen, alles Unwesentliche, jede Identifikation oder Sehnsüchte abgeben. Es gibt unzählige Dinge, die nicht notwendig sind und man könnte alles loslassen, um der Wirklichkeit zu begegnen.

Der zweite Schritt: Woran liegt es?

Prüfen Sie, WARUM Sie bisher nicht losgelassen haben. Erkennen Sie die Hindernisse, Muster, Fehlprogramme, Blockaden, Verhaltensweisen, Überzeugungen und Gewohnheiten.

Der dritte Schritt: Beseitigen Sie das Hindernis.

Auch wenn sich das Hindernis im Außen befindet, es ist nur eine Spiegelung Ihres Seins und entspricht Ihrem Wesen. Sonst wäre es nicht so oder besser gesagt, sonst hätten Sie es nicht ins Bewusstsein gezogen. Lösen Sie das Problem bzw. die Blockade und wiederholen Sie das mindestens 21-mal, bis eine neue, erwünschte Gewohnheit daraus geworden ist.

Das Loslassen ist der erste UND der letzte Schritt auf dem Weg zu sich SELBST, zu dem, der Sie wirklich sind.

Nun könnten Sie sagen: »Nun, so leicht ist das auch wieder nicht!«, und weil Sie denken, dass es schwer ist, versuchen Sie es erst gar nicht. Sagen Sie nicht, dass es nicht geht, wenn Sie es nicht wenigstens ausprobiert haben. Alles ist immer nur so leicht oder so schwer, wie man es nimmt. Und wenn es wirklich schwierig ist, dann geben Sie sich doch einfach einen Ruck und machen Sie doch einmal etwas Schwieriges. Was hindert Sie daran?

Das »Abenteuer des Loslassens« ist erst dann beendet, wenn es NICHTS mehr loszulassen gibt. DANN erst bin ich wirklich bei mir SELBST »angekommen«.

Das Selbstbild optimieren

Erst wenn wir uns in uns selbst wohlfühlen und Achtung vor uns selbst haben, wird wahrer Erfolg möglich.

Das Bild, das wir von uns selbst haben, ist deshalb so wichtig, weil die Welt, wie wir sie erleben, eine Reflektion unserer Überzeugungen ist. Wie sehr uns die Welt gefällt, wie gut es uns geht, wie viel wir im Leben erreichen etc., alles das hängt weitgehend von uns ab – das heißt, es wird durch unser Selbstbild bestimmt. Nun, Ihr Selbstbild ist aber etwas, was nicht einfach so ist, wie es ist, nein – Sie können es gezielt beeinflussen und ändern. Logischerweise muss sich dann auch einiges in Ihrem Leben ändern, wenn sich Ihr Selbstbild verändert hat.

Der erste Schritt besteht darin, die Art wie Sie über sich selbst denken und fühlen zu überprüfen und gegebenenfalls soll das dann optimiert werden. Die Realität, die Sie erleben, ist eine sich selbst erfüllende Überzeugung und Ihr Selbstbild ist dabei der wichtigste Teil. Wenn Sie sich als erfolgreich ansehen, dann werden Sie auch erfolgreich sein.

Sie haben Ihre Persönlichkeit nicht in Ihrer Kindheit »verpasst« bekommen, sondern haben sie durch die Wahl Ihrer Eltern und Umstände »unbewusst« gewählt. SIE haben sich dadurch indirekt eine Persönlichkeit erschaffen und diese Erfahrung ist NOTWENDIG und äußerst hilfreich, denn sonst wäre die Situation nicht so, wie sie ist. Auch wenn es Ihnen im Moment nicht gefällt und Sie es gerne anders haben möchten, die Situation ist gut, wie sie ist. Und auch Sie selbst sind gut, wie Sie sind. Das Leben entspricht Ihrem SOSEIN und Ihr SOSEIN wurde über unendliche Zeiten hinweg geformt. Doch jetzt ist der Zeitpunkt, sich um Ihr SOSEIN zu kümmern und die Welt da draußen einmal nicht mehr so wichtig zu nehmen. Wenn Sie sich ständig um Ihre Umgebung und Begebenheiten kümmern, wie soll sich dann IN Ihnen etwas ändern. Verlagern Sie Ihre Aufmerksamkeit immer mehr nach INNEN, auch wenn Sie sich noch so sehr von äußeren Dingen losreißen können – sie sind vergänglich. Kümmern Sie sich um die Unvergänglichkeit, denn die formt das Vergängliche. Was auch immer Sie im Leben ändern wollen, kümmern Sie sich nicht um die Änderung, suchen Sie nicht nach Lösungen und denken Sie nicht darüber nach, sondern gehen Sie nach INNEN. Je mehr Sie sich fühlen und bei sich angekommen sind, umso mehr Veränderungen werden sich auch in Ihrem Leben ergeben.

Sie haben immer die Wahl, Einfluss zu nehmen: Sie müssen es erstens wollen, dann beschließen und dann umsetzen. Sie haben sich aber auch ganz unbewusst »innewohnende Kräfte« geschaffen. Sowie gewisse Eigenschaften, die Sie ins Leben mitgebracht haben. Sie haben sich auch eine gewisse Art angeeignet, wie Sie mit Dingen umgehen, wie Sie sie sehen, wie Sie reagieren etc. und diese Gewohnheiten kann man »umlernen«. Sie haben sich also eine Persönlichkeit erschaffen, die gewisse Erfahrungen sammelt. Vielleicht ist es jetzt an der Zeit, die Erfahrung zu machen, sich selbst zu begegnen und das Leben etwas genauer anzusehen. Vielleicht ist es an der Zeit, die Oberflächlichkeiten hinter sich zu lassen und den Weg vom Außen nach innen zu verlagern?

Machen Sie sich doch einmal bewusst, welche Eigenschaften Ihre Persönlichkeit im Wesentlichen ausmachen. Nehmen Sie drei Eigenschaften, die Sie gerne mögen und hilfreich finden. Dann nehmen Sie drei Eigenschaften, die Sie nicht so gut finden und die Sie nicht so gerne an sich sehen.

Ein Gewinner findet in jedem scheinbaren Problem die Lösung und erkennt, dass es kein wirkliches Problem gibt.

Und ein Verlierer? Der findet in jeder Lösung ein Problem. Eine wahre Lösung erzeugt keinen Verlierer, denn sie lässt alle gewinnen.

Gewinner wissen auch, dass sie alles schaffen und genau deshalb gelingt ihnen auch ALLES.

Das Selbstbild als »Anweisung an das Leben«

Wie beurteile ich mein/e/en:	Verwirklicht 0-10	Priorität 0-10
Aussehen:	________	________
Intelligenz:	________	________
Wirtschaftliche Situation:	________	________
Sozialen Status:	________	________
Familienorientierung:	________	________
Treue:	________	________
Fleiß:	________	________
Ehrlichkeit:	________	________

Sauberkeit:	________	________
Ordnungsliebe:	________	________
Kreativität:	________	________
Pünktlichkeit:	________	________
Effektivität:	________	________
Handwerkliches Geschick:	________	________
Lebensaussichten:	________	________
Gesundheit:	________	________
Sein als idealer Partner:	________	________
Zukunfts-Kompetenz:	________	________
Naturliebe:	________	________
Tierliebe:	________	________
Spirituelle Entwicklung:	________	________
Ruhe:	________	________
Gelassenheit:	________	________
Stille:	________	________

Die »Wunschbiografie« leben

Es gibt da zwei Sprüche, die mich immer schon faszinierten: »Von allem nur das Beste!« und »Man muss das Unmögliche versuchen, um das Mögliche möglich zu machen!«

Die Wunschbiografie zu leben heißt, sein Leben zu leben, so wie es als »Schöpfungsplan« gedacht ist, mit anderen Worten: sich selbst zu verwirklichen. In unserer Wunschbiografie erkennen und leben wir unsere innere Bestimmung. »Wenn wir unser Leben bewusst und schöpferisch gestalten, dann ist es wichtig, nicht nur einzelne Lebensbereiche zu optimieren, sondern alle »Bereiche« in Harmonie zu bringen.« Und bin ich erst in Harmonie und so wie ich vom Universum gedacht bin, dann wird es auch im Außen wirken.

Folgende Bereiche sind zu beachten:

Meine Beziehung zu mir selbst.

Mein Selbstbild, meine Einstellung mir gegenüber, meine Eigenschaften und Fähigkeiten, meine Lebensaufgabe etc.

Meine Beziehung zu anderen Menschen, zu meinen Eltern, meinem Partner, Kindern, Chef, Kollegen, zu Tieren, der Natur etc.

Meine Beziehung zur Arbeit, zum Erfolg, zu Wohlstand etc. Ist meine Tätigkeit wirklich erfüllend? Bin ich erfolgreich? Lebe ich in der Fülle? Lebe ich im Wohlstand? Gebe ich wirklich mein Bestes? Entspricht mir meine Wohnung? Stimmt meine Kleidung? Bin ich wirklich gesund? Was sind die Schwachstellen und was ist die Botschaft? Wie würde mein Leben aussehen, wenn ich »bezahlten Urlaub für immer« hätte?

Was fehlt, damit mein Leben wirklich »märchenhaft« ist?

Stellen Sie wirklich sicher, ob sich das, was Sie sich wünschen natürlich und »zu Ihnen gehörig« anfühlt. Spüren Sie, dass es so »stimmt« und überzeugen Sie sich davon, ob es wirklich das ist, was Sie sich wünschen. Ist es ein Wunsch des Egos, ein »HABEN-WOLLEN«, ein Bedürfnis oder etwas, was wirklich zu Ihnen gehört?

Durch eine Identifikation mit dem erwünschten Ergebnis nehmen Sie dieses geistig in Besitz. Versetzen Sie sich dann imaginativ in die Erfüllung und erleben Sie sie dort. Damit erzeugen Sie durch die Gewissheit des Glaubens Ihre »Realität« und halten die Energie des erfüllten Wunsches so lange, bis er in Erfüllung gegangen bzw. in Erscheinung getreten ist.

Die Bestellung ist aufgegeben, es ist nichts mehr zu tun. Es ist nur noch eine Frage der Zeit, wann »das Bestellte« vom Leben »geliefert« wird. Nun lassen Sie die Bestellung vollkommen los und vergessen sie einfach. Lassen Sie die Erfüllung einfach geschehen und geben Sie ihr den notwendigen Raum, um in Erscheinung treten zu können.

Stärken Sie Ihre Stärken

Wir alle sind in den meisten Bereichen MITTELMASS. Aber JEDER hat zumindest einen Bereich, in dem er spitze sein KÖNNTE. Doch dieser Bereich muss zuerst entdeckt, um gefördert zu werden. Mittelgut bis halbschlecht reicht in Zukunft einfach nicht mehr. Irgendwann SOLLTEN wir uns entscheiden, bevor es zu spät ist. Die Jahre vergehen wie im Flug und wenn Sie alles immer auf später verschieben, dann ist es irgendwann wirklich zu spät. Wenn Sie entdeckt haben, worin Ihre Fähigkeiten liegen, dann geht es darum, noch besser zu werden, DEUTLICH BESSER. Das heißt: Wir sollten uns fördern, indem wir uns fordern. Es könnte sein, dass Sie mehrere Dinge gut können und es gibt vielleicht mehrere Bereiche, die Ihnen Freude bereiten. Tanzen Sie nicht auf zu vielen Hochzeiten, sondern widmen Sie sich voll und ganz Ihrer »stärksten Stärke« und lassen Sie das andere ruhen.

Als wir auf die Welt gekommen sind, taten wir das mit einer ganz bestimmten Absicht und wir haben alle dafür nötigen Fähigkeiten bereits mitgebracht – vor allem aber die Freude daran. Wie kann es sein, dass so viele Menschen nicht wissen, was sie wirklich gut können oder gerne tun möchten? Nun gut, es gab vielleicht schon früher Momente, wo wir diesen Fähigkeiten nicht nachgehen konnten, weil vielleicht kein Geld da war, weil es die Eltern nicht wollten oder ... Es mag viele Gründe geben, warum wir unser Potenzial nicht genutzt haben. Heute haben wir es entweder vergessen oder wir sind zu sehr im Außen orientiert, dass wir die innere Stimme nicht mehr wahrnehmen können. Jeder hat eine Fähigkeit und um diese zu orten, muss man nach innen gehen. Es ist also nicht besonders hilfreich, alle Ewigkeiten lang zu überlegen, was es sein könnte, sondern ich muss in mich horchen und das Ergebnis wird sich von ganz alleine einstellen oder ausbleiben. Im Verstand werden wir es nicht finden, denn dort ist es nicht beheimatet.

Nur wenn wir etwas wirklich mögen und es mit absoluter Hingabe und Freude verrichten, können wir gut darin sein. Deswegen KANN die Freude zu einem Führer werden, um uns diese besondere Begabung aufzuzeigen, denn die ist nicht so leicht zu finden, wenn wir verlernt haben, WIR SELBST zu sein. Vielleicht erscheint sie uns auch als zu selbstverständlich, um etwas Besonderes zu sein. Sie zeigt sich meist erst im direkten Vergleich mit anderen. Oft haben wir, wie bereits erwähnt, ein ganzes Bündel von Talenten. Das ist sogar eher die Norm, als die Ausnahme. Und doch hat JEDER ein besonders herausragendes Talent, das aber oft unentdeckt bleibt, weil es wie ein Diamant in der ursprünglichen Form eher unscheinbar ist. Erst der entsprechende SCHLIFF lässt die Qualität sichtbar werden. Einstein fand neben der Liebe zur Physik auch zu einem beachtlichen Geigenspiel und Mozart komponierte nicht nur schon als Kind genial, er hatte auch eine beachtliche Begabung zur Mathematik.

Die Grundlage all dessen ist unsere Intelligenz, ohne die kein Talent wirksam werden kann. Aber auch die kann gefördert und DEUTLICH gesteigert werden. Intelligenz ist zwar nicht die einzige Voraussetzung, um einem Talent zum Durchbruch zu verhelfen, aber so etwas wie ein Fundament.

Erinnern Sie sich einmal an das, was Sie als Kind »waren«. Als was fühlten Sie sich? Und wie ist es heute? Welche Rolle würden Sie am liebsten spielen? Wenn das Leben ein Spiel ist und die Welt Ihre Bühne, dann schreiben Sie doch einmal das Drehbuch dazu. Wie würde das aussehen? Wie würden Sie Ihre Rolle am liebsten zum Ausdruck bringen? Dazu brauchen Sie nur einen Zettel und einen Stift – und los geht's. Lassen Sie sich überraschen, wie das Ergebnis aussehen wird. Vielleicht so, wie Sie es sich jetzt gar nicht vorstellen können?

Mein individuelles Überzeugungs-Profil

Wie beurteile ich mich selbst? Beurteilen Sie die einzelnen Aspekte Ihres Lebens und bewerten Sie sie, indem Sie sich Punkte geben, wieweit dieser Aspekt für Sie zufriedenstellend ist. Ordnen Sie es in positiv oder negativ ein. Wenn ein Aspekt optimal erfüllt ist, geben Sie sich +3 Punkte. Ist er nur etwas erfüllt, dann geben Sie sich nur +1 Punkt. Wenn in diesem Aspekt noch etwas fehlt, geben Sie sich -1 Punkt. Fehlt noch alles, geben Sie sich -3 Punkte. So schaffen Sie sich zunächst einmal eine Übersicht, wo noch Handlungsbedarf ist.

Negativ			**Neutral**			**Positiv**
-3	-2	-1	0	+1	+2	+3
Ganz	Ziemlich	Etwas		Etwas	Ziemlich	Ganz

Aspekt	**Punkte**
Gesundheit	________
Beziehung	________
Wohlstand/Geld	________
Erfolg	________
Beruf	________
Wohnen	________
Freunde	________
Lebensabsicht	________
Kinder	________
Hobby	________
Zukunft	________
Geistiger Bereich	________
Andere Aspekte	________

Finden Sie dann zu JEDEM Aspekt mindestens 3 Überzeugungen. Also bei Geld z. B.:

1. Geld macht nicht glücklich.
2. Geld muss man sich verdienen.
3. Beim Geld hört die Freundschaft auf.

Es dürfen natürlich durchaus auch mehrere sein. Diese Überzeugungen bestimmen einen großen Teil Ihres Lebens, weil Sie unbewusst danach handeln. Überprüfen Sie deshalb, ob Ihre Überzeugungen auch wirklich hilfreich sind, oder ob Sie sie noch optimieren können. Finden Sie die besten Überzeugungen und handeln Sie danach.

Wie könnte/sollte meine Überzeugung in dem Aspekt aussehen, damit ich mir +3 Punkte geben kann?

Träumen kann man lernen

JEDER Mensch hat seinen »Lebens-Traum«. Wirklich glücklich werden kann ich nur, wenn ich meinen Lebenstraum verwirklicht habe. Warum? Weil jeder Mensch eine Aufgabe hat, warum er HIER ist. Es geht hier nicht um irdische und persönliche Wünsche, sondern vielmehr um den göttlichen Plan, der für uns etwas vorgesehen hat. Um diesen Traum zu leben, sollte mir der Traum schon bewusst sein. Dieser Traum muss nicht unbedingt mit meinem persönlichen Traum übereinstimmen. Natürlich muss ich auch hinter diesem Traum stehen und mich trauen, ihn zu verwirklichen.

Da können viele Dinge sein, die dagegensprechen. Vielleicht erlauben es die Umstände nicht, oder es gibt Menschen, die nicht damit einverstanden sind. Setzen Sie Prioritäten und machen Sie die Umstände so, dass dieser Traum Raum bekommt, um gelebt zu werden. Er sollte erste Priorität haben. Wie oft hörte ich schon, dass jemand zu mir sagte, ja ich würde doch so gerne, aber mein Partner sieht das nicht gerne. Geht es nun darum, dem Partner zu entsprechen und die Opferrolle beizubehalten, oder geht es darum, einen Traum zu leben? Natürlich ist es verständlich, dass Menschen Angst haben ihre Beziehung zu »verlieren«, aber ein stimmiger Partner unterstützt Sie in Ihren Plänen und möchte, dass es Ihnen gut geht. Also wird er alles daransetzen, um Sie zu unterstützen, wenn es ihm nicht um sich selbst, sondern um Sie geht.

Auch die Umwelt tut alles, um uns unseren Traum zu nehmen. Schule, Elternhaus, Freunde, das Fernsehen, später der Beruf, die Kollegen, alle versuchen, uns unseren Traum auszureden. Sie sagen zwar, dass sie es nur gut meinen und uns vor einer Enttäuschung schützen wollen. Doch eine Erfahrung, ob wir die nun als »gut« oder »schlecht« empfinden, ist wertvoll, sinnvoll und notwendig, um uns weiter zu entwickeln. Niemand kann uns davor »schützen«, die Erfahrung ist dann höchstens nach hinten verschoben.

Der Lehrer in der Schule sagte immer wieder: »Du träumst schon wieder!« und wir bekamen den Eindruck, zu träumen wäre falsch. In der Schule wurde ein Aufsatz geschrieben: »Was ich einmal im Leben erreichen will.« Einer, der einen Traum hatte, beschrieb in seinem Aufsatz seinen Traum von einer Pferdefarm. Hundert Hektar groß sollte sie sein, mit vielen Stallungen, mit Häusern für die Bediensteten und mittendrin ein großes Haus für ihn. Er bekam eine Fünf und der Lehrer sagte ihm: »Das ist kein Traum, das ist reine Fantasie. Aber ich gebe Dir noch eine Chance. Geh nach Hause und schreib den Aufsatz noch einmal, mit einem realistischen Inhalt, dann gebe ich Dir eine andere Note.« Der Junge überlegte einen Augenblick und sagte dann: »Behalten Sie Ihre Fünf und ich meinen Traum.« Viele Jahre später hatte er seinen Traum genau so verwirklicht und lud seinen alten Lehrer zu sich ein. Da erst erkannte der Lehrer, dass er seine Grenzen weitergegeben hatte.

Lassen SIE sich Ihren Traum nicht nehmen, verwirklichen SIE ihn und werden Sie damit sich und anderen zum Vorbild. Zeigen Sie der Welt, dass man JEDEN Traum verwirklichen kann, wenn es der Traum ist, der zu einem passt und wenn man einfach vorher nicht aufgibt.

Seien Sie heute etwas besser als gestern und morgen besser als heute. Wer aufgehört hat besser zu werden, hat aufgehört gut zu sein. JEDER braucht eine Herausforderung, eine erfüllende Aufgabe. Leben Sie sie!

Eine Persönlichkeit mit Charisma sein

Hat jemand eine starke und positive Ausstrahlung, die begeistert und mitreißt, dann sprechen wir von einer »charismatischen Persönlichkeit«. Eine charismatische Persönlichkeit ist eine lebende Ursache für Erfolg, der dann auch zuverlässig, und scheinbar mühelos erfolgt. Seine Ausstrahlung kann man aber bewusst bestimmen und verändern. Auch Sie können Ihre Ausstrahlung harmonisieren und stärken, wenn Sie bereit dazu sind, charismatisch zu sein.

Manch einer betritt einen gefüllten Raum und es richten sich sofort alle Blicke auf ihn. Wenn er dann noch mit wohlklingender Stimme ein paar wohlwollende Worte an die Umstehenden richtet, ist jeder von seiner Ausstrahlung fasziniert. Charisma besteht aus vielen einzelnen energetischen Botschaften: WIE man einen Raum betritt, wie man geht, wohin man schaut, wie und wohin man sich setzt und wie man was sagt.

Ausstrahlen kann nur etwas, das auch strahlend, präsent und vor allem HIER ist. Diese Ausstrahlung wirkt in den ersten sieben Sekunden besonders intensiv, denn hier entsteht der erste Eindruck. Es wird diese eine Chance nie wieder geben, denn diesen ersten Eindruck können Sie nicht wiederholen. Also sollten wir ganz bewusst auf den ersten Eindruck achten und unsere »energetische Signatur« bewusst in Ein-Klang bringen.

Ein wesentlicher Faktor von Charisma – vielleicht sogar der wichtigste – ist das Selbstbild. Und was halten Sie von sich selbst? Dieses Selbstbild ist nur eine Vorstellung und entsteht durch das, was Sie von sich denken und glauben. Dieses Selbstbild hat eine entscheidende Wirkung auf das ganze Leben, auf den Erfolg, auf die Gesundheit, das Schicksal etc. Da das Selbstbild nur eine »Vorstellung« ist, kann es jederzeit verändert, oder ganz einfach »ausgetauscht« werden. Und wenn Sie das tun, dann verändert sich das ganze Leben. So können wir einen großen Teil unserer Zukunft selbst gestalten.

Mit meinem/Selbstbild bestimme ich auch meine Identifikation. Mein Selbstbild, meine Identifikationen und mein Bewusstsein bestimmen die Intensität und Schwingung des Energiefeldes, das ich BIN, und damit auch mein Charisma und meinen Erfolg. So kann jeder sein Charisma aktivieren, steigern und erfolg-reich wirken lassen.

Ihr Charisma ist ein Maßanzug und entspricht immer Ihrem Sosein. Wenn Sie »stimmen«, dann »stimmt« auch Ihre Ausstrahlung und Ihr Charisma. Dieses Charisma öffnet Ihnen dann Türen, die für andere für immer verschlossen bleiben und der Erfolg fällt Ihnen scheinbar mühelos in den Schoß!

Die Macht Ihrer Stimme nutzen

Die Stimme ist Ihre »hörbare Visitenkarte«. Lernen Sie, optimalen Gebrauch davon zu machen und vom »Zauberinstrument Stimme« voll und ganz zu profitieren. Die Schulung Ihrer Stimme beginnt damit, dass Sie Ihre Stimme einmal bei verschiedenen Gelegenheiten auf Tonband aufnehmen, und in Ruhe kritisch anhören. Sie werden überrascht sein, wie viel es an Ihrer Stimme und Sprache noch zu verbessern gibt.

Es ist nicht nur wichtig, WAS jemand sagt, sondern mehr noch, WIE er es sagt.

Machen Sie sich bewusst, WO sprechen Sie hin, wenn Sie sprechen? Sprechen Sie VOR SICH HIN, oder sprechen Sie den anderen an?

WEN sprechen Sie an, wenn Sie zum anderen sprechen? Die Person? Den Verstand? Das Gefühl? Sein Ego, oder ihn SELBST?

ALS WER sprechen Sie, wenn Sie mit einem anderen sprechen?

In welcher Identifikation sind Sie?

Sorgen Sie dafür, dass Sie beim Sprechen immer Sie SELBST sind, denn das Wort ist eine »Wirklichkeit schaffende« Kraft. Finden Sie Ihren persönlichen Sprachstil! Welche Sprachenergie möchten Sie ausstrahlen? Möchten Sie der Manager, der Optimist, der Freund, der Gemütsmensch oder ein Märchenerzähler sein?
Lernen Sie zu telefonieren, denn meist wird der erste Kontakt ein Anruf und Ihre Stimme der erste Eindruck sein. Sorgen Sie dafür, dass Sie bei jedem Telefonat einen optimalen Eindruck hinterlassen. Wenden Sie sich beim Telefonieren wirklich ganz dem anderen zu, und lassen Sie ihn Ihr Interesse und Ihre Anteilnahme spüren. Es gibt kaum einen Bereich, in dem man so viel für seinen Erfolg tun kann, wie über Stimme und Sprache und es gibt keinen Bereich bei dem der Erfolg schneller sichtbar wird. Ein Mensch, der seine Stimme verändert, verändert damit auch seinen Charakter. Stimmschulung ist der schnellste Weg zum Erfolg und dazu gehört auch die »Kunst des Zuhörens« zu leben. Auch der Erfolgsfaktor LÄCHELN sollte nicht unterschätzt werden. Lächeln schafft ein positives Gesprächsklima und mit Humor geht wirklich alles leichter.

Den Erfolg unvermeidbar machen

Es folgen die wichtigsten Schritte, um Ihren Erfolg absolut »unvermeidbar« zu machen. Jeder einzelne Schritt, konsequent angewandt, reicht aus, um Erfolge zu erzielen.

Das bewusste Abziehen der Aufmerksamkeit von dem, was nicht sein soll und das konsequente Richten der Aufmerksamkeit auf das, was sein soll.

Leben als Gewinner. Zuerst gewinnen, DANN beginnen. Den erwünschten Endzustand VOR dem Start geistig »in Besitz nehmen«. Am Start stehen Gewinner und Verlierer bereits fest.

Dem Leben die richtigen »Anweisungen« geben und selbst zur wirkungsvollsten Ursache WERDEN.

ALLES loslassen, was nicht mehr wirklich zu mir gehört. In dem Maße, wie ich das Falsche loslasse, beginnt das Richtige mein Leben zu bestimmen.

Meine Gewohnheiten STÄNDIG optimieren. Mir immer neue, Erfolg vermehrende Gewohnheiten zulegen und immer mehr Energie auf den Erfolg richten. Nach dem Energieerhaltungsgesetz MUSS das letztlich zum erwünschten Erfolg führen.

Die richtigen Entscheidungen »treffen«. Entscheidungen nicht mehr aus dem Verstand fällen, sondern WIRKLICH treffen. Wenn Ihre Entscheidungen stimmen, dann stimmen auch die Ursachen, die Sie setzen und wenn die Ursachen stimmen, MUSS die entsprechende Wirkung »in Erscheinung treten«.

Beharrlich dranbleiben. Eine Sache ist erst erledigt, wenn sie erfolgreich abgeschlossen ist. Solange ist sie einfach noch nicht beendet. Auf diese Weise muss JEDES Vorhaben zum Erfolg führen. Machen Sie es sich zur Gewohnheit, erfolgreich zu sein.

Den »Weg der Freude« gehen. Nichts tun, was Sie Arbeit nennen müssten, sondern »Urlaub für immer« praktizieren. Was Sie gerne tun, das wird auch gut und was Sie gut machen, wird ein Erfolg.

KAI-ZEN ständig praktizieren. Heute etwas besser sein als gestern und morgen etwas besser sein als heute.

Segensreich leben. Einem JEDEN zum Segen werden und alles, was Sie erleben, in tiefer Dankbarkeit SEGNEN.

Ein absoluter Experte auf einem Gebiet werden, das Ihnen wirklich Freude macht, sodass JEDER, der sich mit diesem Gebiet befasst, zu Ihnen geführt wird.

Ihre »energetische Signatur« STÄNDIG optimieren. Sie bestimmt den ersten Eindruck, den Sie machen. Ihre Ausstrahlung ist ein »Dauerauftrag« an das Leben für »entsprechende« Ereignisse und Lebensumstände – mit einem Satz: für Ihr Schicksal! Dazu gehört auch wirklich sympathisch zu SEIN und »wohlwollend« zu leben. So ist Ihr Erfolg »unvermeidbar«! Und wenn SIE wollen, in JEDEM EINZELNEN FALL!

Das Gesetz der Wandlung

Die »Kunst des Wandelns« IST eine Anweisung an das Leben, um sich zu verändern und sich Ihrem veränderten SOSEIN anzupassen.

Alles was ist, kann in das, was sein soll, gewandelt werden. Wandlung geschieht, indem ich meine Aufmerksamkeit von dem, was ich nicht wünsche abziehe und auf das richte (und gerichtet halte), was sein soll. So werden Probleme zu Chancen, Aufgaben zu Lösungen, Krankheit zu Gesundheit, Mangel zu Fülle, Fehlschläge zu Erfolgen, Unzufriedenheit zu Erfüllung, Trennung zu Einheit, Ego zu Selbstidentifikation, das »Bisher« zum Ideal und eine Möglichkeit zur Realität.

Eine Situation kann noch so schwierig ERSCHEINEN oder aussichtslos sein, sie kann in JEDEM Augenblick gewandelt werden. Tatsachen sind nur Sachen, die einmal so getan worden sind und jederzeit anders getan werden können.

Realität ist bereit, jede gewünschte Form anzunehmen. Das Leben wartet nur auf Ihre Anweisungen. Wandlung ist ein Weg, wie man JEDES Spiel im Leben letztlich gewinnt, denn ganz gleich, was geschieht, alles kann gewandelt werden.

Wandlung erfordert Zielklarheit. Bevor ich etwas erreichen kann, muss ich das, was sein soll wählen. Erst wenn ich das Ziel kenne, findet sich der Weg. Sobald ich das Ziel kenne, habe ich den halben Weg bereits zurückgelegt.

Das Instrument der Wandlung ist die Imagination und die Änderung der Richtung meiner Aufmerksamkeit. Worauf ich meine Aufmerksamkeit richte, dorthin fließt meine Schöpfungskraft. Die meisten Menschen richten ihre Aufmerksamkeit ständig auf die Schwierigkeiten und Probleme des Lebens und erschaffen so immer neue Schwierigkeiten und Probleme dazu. Sobald Sie Ihre Aufmerksamkeit auf das richten, was sein soll, beginnt es sich zu verwirklichen. Und wenn Sie Ihre Aufmerksamkeit darauf gerichtet halten, hat das Leben keine andere Wahl, als genau das hervorzubringen.

Durch Wandlung bestimmen Sie auch den »Zu-Fall«, denn einem jeden kann nur das zu-fallen, was er durch sein SOSEIN angezogen hat. Ihre gerichtete Aufmerksamkeit erschafft, worauf Sie sie richten und gerichtet halten. Wandlung kann auch durch einen »Dauerauftrag« erfolgen, indem

Sie die Überzeugung schaffen, dass etwas jedes Mal geschieht. So können Sie sich auch einen Parkplatz verursachen und jederzeit und überall sofort bekommen, indem Sie genau diese Überzeugung schaffen. Es ist dann nicht erforderlich, jedes Mal erneut eine Ursache zu setzen, sondern es reicht, es durch Ihren »Dauerauftrag« geschehen zu lassen.

Gewinner oder Verlierer?

Sobald unser Leben beginnt, machen wir bestimmte Erfahrungen. Das beginnt schon im Mutterleib, weil wir alle Gedanken und Gefühle der Mutter miterleben und diese Energie beginnt uns positiv oder negativ zu prägen. Nun machen wir nicht NUR positive, oder NUR negative Erfahrungen, aber irgendwann überwiegt EINE Seite, verstärkt sich durch unsere Erwartungen und verursacht so MEHR und MEHR derartige Erfahrungen. Das ist ein ganz entscheidender Punkt in unserem Leben, weil hier die Richtung unseres Lebens entsteht, denn aus der Summe dieser Erfahrungen entsteht die Grundprägung unseres Bewusstseins. Wir bekommen so ein Mangelbewusstsein, oder ein Wohlstandsbewusstsein, das wiederum unsere »energetische Signatur« bestimmt, die unser unbewusster »Dauerauftrag an das Leben« ist. So ist es möglich, dass die Armen immer ärmer und die Reichen immer reicher werden. Die Gesunden bleiben gesund und die Kranken werden immer kränker. Die Erfolgreichen werden immer erfolgreicher und die Erfolglosen immer erfolgloser. Die Glücklichen werden immer glücklicher und die Unglücklichen immer unglücklicher.

Das Gute daran aber ist, dass wir das JEDERZEIT ändern können, vorausgesetzt dass wir unser Leben auch wirklich FÜHREN. Kaum jemand aber »führt« sein Leben, die meisten erleben es bloß, wie einen Film, bei dem man keinen Einfluss auf die Handlung hat. Er gefällt einem oder eben nicht. Warum ist das so? Weil die meisten Menschen nicht wissen, dass sie bewusst in die Handlung und somit in das Geschehen eingreifen können.

Nur wer sein Leben wirklich »führt«, hat die Chance es zu ändern und diese Chance ergibt sich IN JEDEM AUGENBLICK. Wir brauchen uns weder zu ärgern noch zu beklagen, denn das ändert gar nichts. Nun die Frage, die sich stellt, ist: »Wie ändere ich das gezielt?« Die Änderung erfolgt dann, wenn wir gezielt eine Ursache setzen. Indem wir eine andere Ursache setzen, als die, die besteht, also diese Ursache durch eine neue ersetzen, wird sich auch die Wirkung ändern. Und nur dann kann sie sich ändern, wenn zuvor eine URSACHE gesetzt worden ist. Es nutzt also nichts zu wissen, dass man etwas ändern kann und nur eine andere Ursache setzen muss, man muss es auch TUN! Solange die derzeitige Ursache besteht, schafft sie genau das Leben, das wir derzeit erleben.

Um unser Leben wirklich »führen« zu können, brauchen wir zunächst die Erkenntnis, dass das möglich ist – dass wir Schöpfer sind und in jedem Augenblick Realität verursachen. Auch wenn es meistens unbewusst geschieht und wir unserer Ursachen gar nicht bewusst sind – es GESCHIEHT. Jede Reaktion, jede Gefühlsregung, jeder Gedanke und jede Handlung hinterlassen Spuren und wirken sich auf unser Leben aus. Solange es aber unbewusst geschieht, haben wir auf die Art der Realität, die wir verursachen, keinen Einfluss. Obwohl wir uns alles selbst erschaffen, beklagen wir uns über unser »schweres Schicksal«. Es müsste eigentlich MACHSAL heißen, weil man es sich selber »macht«. Es gibt im Universum keine »Schicksalsverteilungsstelle«, außer »in unserem« SOSEIN. NUR durch unser Bewusstsein, durch unser bewusstes SEIN und weniger bewusstes SEIN, entsteht etwas WENIGER oder MEHR und das ist das, was wir unser Schicksal nennen.

Aufmerksamkeit, die Wandlung erschafft

Das Richten der Aufmerksamkeit ist wohl das wichtigste Werkzeug zur bewussten Lebensgestaltung.

Das Richten der Aufmerksamkeit lenkt die »schöpferische Urkraft« auf einen bestimmten Aspekt des Lebens und lässt sie wirksam werden. Gestatten Sie Ihrer Aufmerksamkeit NIE länger als 3 SEKUNDEN bei etwas zu bleiben, was NICHT sein soll oder unwichtig ist und richten Sie Ihre Aufmerksamkeit dann auf die Lösung. So werden Probleme zu Chancen und Aufgaben zu Lösungen. Dadurch lernen Sie zunächst, unerwünschte Ereignisse nicht mehr zu erschaffen oder anzuziehen. Dann verursachen Sie energetisch erwünschte Ereignisse, Situationen oder Umstände, indem Sie Ihre Aufmerksamkeit darauf GERICHTET HALTEN, bis diese als Ihre Realität »in Erscheinung treten«. Nutzen Sie diesen Schlüssel zum Richten Ihrer Schöpferkraft bewusst, schaffen Sie so in ALLEN Bereichen Ihres Lebens Ordnung und kreieren Sie Gesundheit, Erfolg, Wohlstand und eine harmonische Beziehung. Machen Sie sich bewusst, dass Sie so ALLES in Ihrem Leben wandeln können und dass Sie es sind, der diese Wandlung verursacht.

So lenken Sie auch bewusst den »Zu-Fall« und alles geschieht vollkommen mühelos. Machen Sie sich bewusst: Sie haben die freie Wahl und ALLES ist möglich!

»Energetisches Management« wandelt das Leben. Praktizieren Sie deshalb STÄNDIG »energetisches Management«. Das heißt vor allem, das Leben bewusst zu führen. Aber auch ein Gespräch, eine Beziehung, eine Firma, eine Begegnung etc. Das Leben wartet darauf, dass Sie es bewusst »führen«, aber das erfordert absolute Zielklarheit. Um führen zu können, müssen Sie zuerst die Richtung vorgeben. Geben Sie dem Leben die richtigen »Anweisungen«. Das setzt voraus, dass Sie gelernt haben, stets die richtigen Entscheidungen zu »treffen« und zwar in JEDEM EINZELNEN FALL.

Zum »energetischen Management« gehört auch, ständig sympathisch zu sein, liebevoll und wohlwollend zu leben. Das ist die beste Kapitalanlage, ohne jedes Risiko und mit den höchsten Zinsen. Dazu gehört auch, Ihre schöpferische Imagination als bewusstes Schöpfungsinstrument zu nutzen und genau das, was Sie wollen, »in Erscheinung« treten zu lassen. Aber auch »erst gewinnen und DANN beginnen«, also vom Ziel aus zu handeln ist ein unvermeidlicher Aspekt, wenn Sie Ihre Veränderungen mitgestalten möchten. Und die »Kunst der Revision« zu nutzen, das heißt TÄGLICH alles Geschehene energetisch zu bereinigen ist durchaus hilfreich, um »geordnet« zu bleiben.

Optimieren Sie auch Ihre Überzeugungen, denn JEDEM geschieht nach seinem Glauben. »Wahrnehmen statt Denken«, so lautet die Devise und zu wissen, dass ALLES immer nur eine Chance zum Besseren ist. Wenn Sie dann den Alltag noch in einer stillen Freude und in »heiterer Gelassenheit« erleben und unabhängig von den Ereignissen des Lebens, einfach nur DANKBAR sind, dann wird sich Ihr Leben nicht verändern, sondern dann hat es sich bereits in diesem Augenblick verändert.

»Vollziehend erleben« – zusammengefasst

Der erste Schritt ist, sich wieder daran zu er-innern, was Sie in Wirklichkeit sind. Richten Sie Ihre Aufmerksamkeit nach innen und ziehen Sie diese bewusst von dem ab, was NICHT sein soll und richten Sie sie auf das, was sein soll. Genau so lenken Sie Ihre Schöpferkraft.

Der nächste Schritt ist, zu lernen, unerwünschte Ereignisse nicht mehr hervorzurufen oder anzuziehen und dann die erwünschten Ereignisse, Umstände und Situationen energetisch zu verursachen, indem Sie Ihre Aufmerksamkeit darauf richten und so lange GERICHTET HALTEN, bis sie als Ihre Realität »in Erscheinung treten«.

Der nächste Schritt ist, den erwünschten Endzustand zu FÜHLEN. Das Fühlen eines erwünschten Endzustandes aktiviert die schöpferische Urkraft und gibt ihr die gewünschte Form vor. So können Sie jeden beliebigen Umstand herbei-FÜHLEN.

Der nächste Schritt ist, darauf zu achten, woran Ihre Aufmerksamkeit hängen bleibt und was Sie damit erschaffen. Sich ZUR GEWOHNHEIT ZU MACHEN, Ihre Aufmerksamkeit nie mehr länger als 2–3 SEKUNDEN bei etwas zu lassen, was Sie NICHT wollen, sie bewusst abzuziehen und wiederum auf das gerichtet zu HALTEN, was sein soll.

Der nächste Schritt ist, mit diesem Schlüssel zum Richten Ihrer Schöpfungskraft bewusst ALLE Bereiche Ihres Lebens zu optimieren. Also Gesundheit, Erfolg, Wohlstand, Besitz, harmonische Beziehung, Anerkennung, Ihr Charisma, Ihre persönliche Entwicklung, Weisheit, Erfüllung und alles, was Ihnen wichtig ist.

Der nächste Schritt ist, ein klares Ziel zu haben und ganz bewusst Ihre Wahl zu treffen, wie Ihr Leben aussehen soll, denn Ihr Leben IST diese Wahl. Damit wird alles »Bisherige« unwichtig, denn das was zählt, ist nur das »noch« nicht.

Der nächste Schritt ist, mit diesem »Schlüssel zu Ihrer Macht« ganz bewusst in Ihrem Leben die Fülle zu verursachen. Nicht mehr eine Fülle an Problemen, Krankheiten, Mangel und Leid anzuziehen, sondern nur »Ihre« Wahl zu erleben.

Der nächste Schritt ist, zu erkennen, dass ALLE Probleme und Schwierigkeiten in Wirklichkeit verkleidete Chancen zum Besseren sind und IMMER die beste Lösung bereits enthalten. Indem Sie Ihre Aufmerksamkeit auf diese Lösung richten, verwirklicht sie sich.

Der nächste Schritt ist, die Erkenntnis, dass KAUSAL-TRAINING die Verbindung von innerem und äußerem Wohlstand ist, und dass man sehr wohl spirituell UND im Wohlstand leben kann.

Der nächste Schritt ist, JEDEN Abend in einer »Tagesrückschau« den vergangenen Tag energetisch so umzuerleben, wie er gerne erlebt worden wäre. Dadurch wird JEDER Tag energetisch neu geboren und hat eine entsprechend andere Wirkung auf Ihre Zukunft.

Der nächste Schritt ist, sich zur Gewohnheit zu machen, durch die »Macht der Wiederholung«, bewusster zu sein. So verhalten Sie sich automatisch optimal.

Der nächste Schritt könnte sein, das »Wunder der wahren Konzentration« zu nutzen und ALLES, was Sie tun, mit Ihrer ganzen Aufmerksamkeit zu tun. Bleiben Sie STÄNDIG in Ihr Tun vertieft und lassen Sie ALLES los, bis auf das Eine, das Sie gerade tun.

Der nächste Schritt ist, sich bewusst zu machen, dass Sie ALLES in Ihrem Leben verändern können. Sie richten Ihre Aufmerksamkeit kurz auf das, was so nicht sein soll, ziehen sie bewusst ab und richten sie auf das, das sein soll. HALTEN Sie dann die Aufmerksamkeit darauf gerichtet. Wenn immer Sie daran denken, lenken Sie Ihre Überzeugung und Aufmerksamkeit auf das, was sein soll. Zweifel sind hier unangebracht und falls Sie trotzdem einmal daran denken, wie es nicht sein soll, wiederholen Sie den Vorgang einfach, indem Sie Ihre Befürchtungen einfach hinter sich lassen, bis es als Ihre Realität »in Erscheinung« tritt. ALLES was ist, kann in das, was sein soll, mühelos gewandelt werden.

Der nächste Schritt ist, die »Wirklichkeit hinter dem Schein« erkennen. Ihre Aufmerksamkeit auf eine Situation, einen Umstand gerichtet halten, bis Sie ihn »durchschaut« haben und die Wirklichkeit dahinter erkennen. Jede Ursache trägt die optimale Lösung in sich. Ihre regelmäßige Übung führt dazu, dass Sie diese Wirklichkeit mit einem Blick erfassen und WISSEN, dass es absolut stimmig ist.

Der nächste Schritt ist, zu erkennen, dass Sie so auch den Zufall lenken können. Denn ein Zufall ist das, was Ihnen auf Grund Ihres SOSEINS »zu-fällt«. Sie können so JEDEN beliebigen Zufall in Erscheinung rufen.

Der nächste Schritt ist zu erkennen, dass dies alles völlig mühelos geht. Wenn es nicht mühelos ist, zeigt das nur, dass es anders leichter ginge. Immer wenn Sie »mühelos«

handeln, überschüttet Sie Ihr Gehirn mit selbst gemachten Glückshormonen, sodass alles Tun mit Freude geschieht und Sie bewusst den »Weg der Freude« gehen.

Der nächste Schritt ist, eine mögliche Zukunft vorher »auszuprobieren«, bevor Sie sie in Erscheinung rufen, um sich zu vergewissern, dass sie wirklich die erwartete Erfüllung bringt, sonst wählen Sie einfach eine erfüllendere Zukunft.

Der nächste Schritt ist, zu erkennen, dass ALLES eine Botschaft des Lebens ist und eine Chance zum Besseren und JEDER Wunsch die Kraft zu seiner Verwirklichung enthält.

Der nächste Schritt ist, die Kunst, die richtige Entscheidung zu »treffen« und zwar in JEDEM einzelnen Fall. Entscheidungen, die so getroffen werden, bestimmen nicht nur Ihre Zukunft, sondern stimmen auch noch in der Zukunft.

Der nächste Schritt ist, zu erkennen, wenn Sie die Richtung Ihrer Aufmerksamkeit ändern, dann ändert sich Ihr ganzes Leben. Sie machen damit bewussten Gebrauch von Ihrem »Zauberstab Gedankenkraft« und es funktioniert – es funktioniert BEI JEDEM und IMMER.

Das »Umkreisen«: Eine Blitztechnik

Das Richten Ihrer Aufmerksamkeit ermöglicht Ihnen eine bestimmte Absicht auf ganz einfache Weise zu verwirklichen. Schreiben Sie den erwünschten Endzustand auf ein Blatt Papier, möglichst genau in die Mitte. Versuchen Sie ihn mit so wenig Worten wie möglich genau zu beschreiben, aber auf keinen Fall mehr, als einen einfachen Satz – im Idealfall sogar nur ein Wort. Optimieren Sie Ihre Formulierung, bis sie energetisch stimmt und zwar so lange, bis Wort, Bild und Erwartung im Ein-Klang sind.

Schauen Sie nun auf das, was Sie geschrieben haben und »sehen« Sie es bildhaft verwirklicht vor sich. Sehen Sie, wie es bereits erfüllt IST. Versenken Sie sich ganz in das Bild des erfüllten Endzustandes – leben Sie Ihn, erleben Sie Ihn, fühlen Sie Ihn. Dann beginnen Sie das Geschriebene links herum, also gegen den Uhrzeigersinn, zu umkreisen. Lassen Sie sich dabei nicht vom Geschriebenen ablenken, sondern lassen Sie das Umkreisen ganz automatisch geschehen. Das Umkreisen dient nur dazu, Ihren Körper und vor allem Ihren Verstand zu beschäftigen, sodass Sie sich als reines Bewusstsein mit der Erfüllung des Geschriebenen verbinden und diese Verbindung solange halten, bis es sich »energetisch« erfüllt.

Sie erkennen die »erfolgte energetische Erfüllung«, wenn Sie ein starkes Gefühl der Freude spüren, das eine tiefe Dankbarkeit nach sich zieht. Dies sind die sicheren Anzeichen, dass es bereits »geschehen IST«. Ihre SELBST-Versunkenheit bewirkt, dass sich das Geschriebene von einer Möglichkeit in erlebte Realität wandelt und alsdann in Ihrem Leben »in Erscheinung« tritt. Da Raum und Zeit nur Illusionen sind und nicht wirklich existieren, kann man den Zeitfaktor nicht bestimmen. Vertrauen Sie und verlassen Sie sich auf das Leben selbst, das Ihnen Ihren Wunsch frei Haus liefern wird. Sie müssen nur fest daran glauben, davon überzeugt werden und jeglichen Zweifel beseitigen, dann kann nichts mehr schieflaufen.

Wenn Sie spüren, dass es geschehen ist, bleiben Sie noch eine Weile in der »Gewissheit der Erfüllung« – in der Freude und Dankbarkeit, dass es nun ein Teil Ihres Lebens geworden ist. Links herum kreisen bewirkt annehmen und rechts herum kreisen bewirkt loslassen. Durch das Richten der

Aufmerksamkeit auf einen erwünschten »Endzustand«, treten Sie damit »in Resonanz«. Indem Sie die Aufmerksamkeit darauf gerichtet halten, sich am Ziel erleben, und als der, der das Ziel erreicht hat, atmen, denken, fühlen, reden und handeln, machen Sie sich für die Erfüllung »magnetisch«. Die gefühlte Freude und Dankbarkeit ist die »Auftragsbestätigung des Lebens«, dass der Auftrag angenommen wurde, bereits in Arbeit ist, und in Kürze als meine erlebte Realität »in Erscheinung« tritt.

»Mein SOSEIN ist die Ursache für mein derzeitiges Leben, für die Umstände, Ereignisse und Begegnungen, die ich als meine Realität erlebe. Ich KANN mein Leben nur ändern, indem ich mein SOSEIN ändere. Und dann beginnt sich mein Leben SOFORT und UNVERZÜGLICH zu wandeln. Realität entsteht IMMER im Innen, und tritt außen »in Erscheinung«!

Unerwünschte Ereignisse »ausladen«

Was kann man tun, um unerwünschte Ereignisse nicht mehr anzuziehen, erwünschte Ereignisse einzuladen und unerwünschte von sich fernzuhalten? Unangenehme Dinge erfährt man, weil man ständig an sie denkt. Das »geschieht« vor allem durch das unbewusste Richten der Aufmerksamkeit auf Probleme, Mangel und auf das, was NICHT sein soll. Und warum ist das so? Worauf wir unsere Aufmerksamkeit richten, dorthin fließt auch unsere Schöpfungskraft. Es geht also darum, unsere Aufmerksamkeit zunächst einmal ganz bewusst von den Dingen »ABZUZIEHEN«, die wir nicht haben wollen. Dies ist ein unumgängliches Vorgehen, damit unerwünschte Ereignisse nicht mehr »in Erscheinung« gerufen werden.

Dann geht es darum, unsere Aufmerksamkeit auf das, was sein soll, zu richten und GERICHTET ZU HALTEN. Damit wird nicht nur das Erwünschte »in Erscheinung« gerufen, sondern auch Unerwünschtes zuverlässig von uns ferngehalten. Das Problem ist, dass wir den ganzen Tag denken und gar nicht merken, in welchen Dingen wir uns aufhalten. Das heißt also, dass wir uns gar nicht bewusst sind, worauf unsere Aufmerksamkeit gerade gerichtet ist, da wir sehr unbewusst geworden sind. Bevor wir also unsere Aufmerksamkeit gezielt abziehen und neu ausrichten, müssen wir uns erst einmal bewusst werden, dass wir uns gerade wieder in einer Unstimmigkeit verlieren. Diese Gewohnheit zu durchschauen ist ein Prozess, der nur durch STÄNDIGES Anwenden beschleunigt werden kann. Wir sollten unsere Aufmerksamkeit also durch mehr Achtsamkeit beobachten, erkennen, führen und durchschauen.

Das bewusste Ausrichten unserer Aufmerksamkeit ist unser bestes geistiges Werkzeug, um zu verhindern, dass unerwünschte Ereignisse angezogen werden.

Wenn Sie nicht genug Geld haben, befassen Sie sich andauernd damit und dieses Thema bekommt eine Wichtigkeit, die sie nicht verdient. Der Geldmangel nimmt also einen Stellenwert ein, der alles andere weit hinter sich lässt und wie bitte sollte ein ständiges Mangeldenken Fülle aktivieren? Außerdem verlieren Sie einen großen Teil Ihrer Leistungsfähigkeit und Lebensfreude, wenn Sie finanzielle Sorgen haben. Sie können sich auch nicht auf Ihr »Weiterkommen«

konzentrieren, weil Ihre Gedanken bei Ihren Problemen sind. Jetzt sagen Sie vielleicht, ja wenn ich nicht mehr weiß, wie es finanziell weitergeht, wie soll ich nicht daran denken. Nun gut, Sie haben Recht, es ist sicher nicht ganz einfach, doch wenn Sie weiter nachdenken und grübeln, wird das Ihre Situation nicht ändern. Jetzt sagt Ihr Verstand sicher, ich muss ja etwas tun, damit sich meine Situation verändert! Ja, auch das stimmt, doch dieses Tun ist kein Tun im Außen, das einer Handlung gleicht, sondern dieses Tun, ist ein »in sich Gehen« und den Geist gezielt auszurichten, denn nur die Veränderung im Inneren, wird sich auch im Außen zeigen können. Wir sind es gewohnt seit jeher Lösungen zu suchen und kommen kaum zur Ruhe. Doch das heißt auch, dass wir seit jeher das Pferd verkehrt aufgesattelt haben und im Außen Dinge verändern wollten, anstatt zuerst im Inneren etwas zu ändern. Damit sich die Wandlung im Außen AUTOMATISCH einstellen kann. Es ist recht ungewohnt plötzlich anders zu handeln, als man es bisher gewohnt war, doch versuchen Sie es einfach, mit ihren Gedanken und mit Ihrer Aufmerksamkeit »zu arbeiten« und sie gezielt einzusetzen. Es lohnt sich!

Da Wohlstand oder Armut im Kopf beginnen, ist es sinnvoll, seine Einstellung zum Geld einmal gründlich zu überprüfen. Dabei werden Sie feststellen, dass ein Teil Ihrer Überzeugungen längst überholt, oder gar schädlich ist und dringend geändert werden sollte, damit nicht noch weitere Ergebnisse verursacht werden, die Sie so gar nicht wollen. Darin liegt die Ursache der meisten Geldprobleme, die die Menschen haben. Und NUR wenn sich Gedanken und Einstellung verändern, wird sich der Schleier lichten. Es geht also auch beim Thema Geld eigentlich gar nicht um das Geld an sich, sondern um Bewusstsein und Überzeugungen, denn Geld ist ein äußerer sichtbarer Ausdruck einer sonst unsichtbaren, inneren Situation.

Machen Sie sich also bewusst, dass Mangel nicht schöpfungsgerecht ist. Armut ist eine GEISTIGE Krankheit und kann JEDERZEIT geheilt werden, indem Sie sich bewusst machen, dass Fülle der natürliche Zustand der Schöpfung ist. Fühlen Sie sich wert, diese natürliche Fülle in Ihrem Leben in ALLEN Aspekten – als Ihre erlebte Realität – »in Erscheinung« treten zu lassen. Seien Sie sich auch gewahr, dass es ganz natürlich ist, im Wohlstand zu leben, auch wenn das viele Menschen noch nicht verwirklicht haben. Wenn man den Zusammenhang nicht kennt und nicht weiß wie Mangel entsteht, kann man auch nichts daran ändern. Wohlstand müsste ein Schulfach sein. Mangel ist wie Fülle nur ein Ausdruck eines bestimmten Bewusstseins. Es ist IHRE WAHL, worauf Sie Ihr Bewusstsein richten! Nutzen Sie diese Chance – JETZT.

Unerwünschte Gewohnheiten löschen

Gewohnheiten bestimmen unser Leben und sie bleiben solange wirksam, bis Sie Ihrem Unterbewusstsein ein neues, erwünschtes Programm eingegeben haben. Das ist einfacher, als Sie glauben. Machen Sie sich einmal eine Gewohnheit bewusst, die Sie ändern oder sogar ablegen möchten. Vielleicht möchten Sie aufhören zu rauchen oder weniger essen. Vielleicht haben Sie das Gefühl, Sie sollten weniger fernsehen oder weniger Alkohol trinken. Vielleicht reden Sie zu viel oder wollen einfach immer Recht behalten. Vielleicht suchen Sie aber auch nur Anerkennung oder Sicherheit – schlechte Gewohnheiten gibt es zur Genüge.

Wenn Sie eine hartnäckige Gewohnheit haben, dann wissen Sie, dass es gar nicht so leicht ist, sie einfach sein zu lassen. Es wird aber einfach, wenn Sie die Gewohnheit JEDES MAL infrage stellen. Also Sie fragen sich z. B. bevor Sie sich eine Zigarette anzünden: »Will ich diese Zigarette jetzt WIRKLICH rauchen?« oder »Will ich das jetzt WIRKLICH im Fernsehen anschauen?« Sie nehmen sich also nicht etwas vor, indem Sie sich einreden, es nie mehr zu tun, sondern Sie entscheiden sich in JEDEM einzelnen Fall neu. Alles andere wäre ein MUSS und eine Gewohnheit kann man nicht einschränken. Nun gut, es funktioniert vielleicht für eine ganz kurze Zeit, bis sie dann aber doppelt und dreifach über uns hereinbricht. Die Folgen sind, dass man die Gewohnheiten nun noch intensiver lebt und das wollen wir verhindern. Sie tun es also nicht mehr aus Gewohnheit, sondern als Ihre freie Willensentscheidung.

Dadurch entsteht ein Freiraum, in dem Sie SOFORT nicht mehr der Gewohnheit folgen, sondern Ihrer freien Entscheidung. Beim Rauchen führt das erfahrungsgemäß dazu, dass Sie SOFORT etwa nur noch die Hälfte rauchen werden, ohne dabei etwas zu vermissen und ohne sich einschränken zu müssen. Sie genießen Ihr Tun sogar viel mehr und haben ein STÄNDIGES Erfolgserlebnis. Nach kurzer Zeit verblasst auch die Erinnerung an die Gewohnheit, weil Sie ihr SOFORT nicht mehr folgen, ohne Ihr Tun drastisch zu verändern. Durch Ihre bewusste Entscheidung wird das Verhaltensmuster der Gewohnheit nicht mehr bestätigt und es löst sich ganz von selbst.

Gewohnheiten sind durch Wiederholung entstanden, und lösen sich erst dann auf, wenn sie nicht mehr bestätigt werden.

Ich kenne keinen anderen Weg, eine GEWOHNHEIT ohne jede Willensanstrengung und völlig mühelos sofort zu beenden. Sie koppeln Ihr Verhalten lediglich von der Gewohnheitsebene ab und stellen es wieder auf die Entscheidungsebene zurück. Durch die »Macht der Wiederholung« wird Ihr neues Verhalten sehr schnell »verankert« und es entsteht eine neue »Gewohnheit«, die Sie Ihr Verhalten ganz bewusst bestimmen lässt.

Genau so gehen Sie vor, wenn Sie eine neue Gewohnheit installieren wollen, ohne dass eine unerwünschte gelöscht wird. Sie entscheiden sich einfach ganz bewusst in der jeweiligen Situation für das erwünschte Verhalten und »verankern« es durch die Macht der Wiederholung, indem Sie es mindestens 21-mal hintereinander SO tun. Das kann auch in der Imagination geschehen, weil Ihr Unterbewusstsein nicht unterscheiden kann, ob etwas real erlebt oder nur intensiv vorgestellt wird. Wenn Sie sich 21-mal HINTEREINANDER wie erwünscht verhalten haben, ist es als neue Gewohnheit fest »verankert«. Probieren Sie es am besten gleich aus. Viel Erfolg!

Was ist ein Problem?

Wir empfinden eine Situation als Problem, wenn sie unangenehme Gefühle in uns auslöst. ALLE Probleme beruhen darauf, dass Sie eine Situation ablehnen. Auch JEDER Wunsch ist eine Ablehnung dessen, was ist und eine Sehnsucht nach etwas, das nicht ist. Ein Lösungsansatz, der nur auf Ablehnung einer Situation basiert, KANN nicht zum gewünschten Ziel führen, sondern VERSTÄRKT die unerwünschte Situation. Erst wenn Sie das ganz verstanden haben, können Sie sich – von der unerwünschten Situation ausgehend – ganz dem ERWÜNSCHTEN Endzustand zuwenden und ihn »in Erscheinung« rufen. JEDE Problemlösung lenkt unser Bewusstsein auf etwas Negatives und verstärkt es dadurch.

Sie können JEDEN erwünschten Endzustand »in Erscheinung« rufen, wenn Sie ihn als wahr und »als zu sich gehörig« empfinden und sich wert FÜHLEN, ihn zu erleben. Entscheidend ist die Ausrichtung Ihres Gefühls. Es ist unsere WAHRNEHMUNG, verbunden mit dem entsprechenden Gefühl, die unsere Realität gestaltet. Gedanken KÖNNEN die Wahrnehmung ausrichten und NUR dann sind sie wirksam. Normale Gedanken führen nur zu einer VORSTELLUNG. Solange ich mir aber etwas vorstelle, zeigt das, dass ich es nicht habe. Erst wenn ich es in meiner Vorstellung geistig »in Besitz« nehme, mich am Ziel erlebe und es mir so »zu eigen« mache, kann und WIRD es so sein.

Dazu kommt, dass unsere Probleme meist nur unsere Grundüberzeugungen sichtbar machen. Solange wir an diesen Grundüberzeugungen festhalten und sie für wahr halten, KÖNNEN Sie die dadurch verursachten Probleme nicht lösen. Dazu kommt, dass diese Grundüberzeugungen meist »transparent« sind, das heißt, sie erscheinen uns so selbstverständlich als wahr, dass wir sie gar nicht als Grundüberzeugung erkennen, sondern glauben, die Welt sei eben so. Und solange wir das glauben, verursachen wir dadurch, dass die Welt tatsächlich so IST. Die erste Art, solche Probleme zu lösen, ist die verursachenden Überzeugungen zu erkennen und aufzulösen, dann verschwinden die Probleme ganz von selbst. Vor allem, wenn Sie Probleme als eine »Chance zum Besseren« erkennen und nutzen, geht es eigentlich ganz leicht.

Ein anderer großer Irrtum ist es zu glauben, dass wir erst glücklich sein werden, wenn ALLE Probleme gelöst sind. Da das selten oder gar nie der Fall ist und wenn, auch nur kurz anhält, erlauben wir uns die meiste Zeit nicht glücklich zu sein. Und wenn wir dann doch einmal glücklich sein könnten, da alles im Lot ist, halten wir bereits Ausschau nach neuen Problemen. Dies geschieht indem wir befürchten, was alles passieren könnte. Wie viel Zeit pro Tag vergeuden wir mit Gedanken an unerfüllte Wünsche und ungelöste Probleme? Und wie oft sind wir im Gegensatz dazu einfach glücklich, dankbar und froh? Es ist an der Zeit das zu ändern, denn mindestens 80 % unserer Probleme existieren nur in unserem Kopf.

Die eigenen Probleme als Denkfehler zu entlarven, löst sie SOFORT auf und dann steht dem Glücklichsein gar nichts mehr im Weg.

Wenn Sie Ihre Aufmerksamkeit auf die schönen Dinge des Lebens richten, macht das Unterbewusstsein eine Gewohnheit daraus und auf einmal besteht das Leben aus schönen Dingen. Sobald Sie wirklich ganz bei EINER Sache sind, schweigt der Verstand und Sie erleben das zeitlose SEIN. Machen Sie sich also bewusst, dass der »Denker« und der »Beobachter« nicht identisch sind. Wenn Sie mit Ihrer Aufmerksamkeit ganz beim Beobachten sind, ist der Denker still. Der Denker ist der Verstand, der Beobachter ist das Bewusstsein und das ist das, was Sie in WIRKLICHKEIT sind.

Das Problem liegt nicht darin, KEINE Lösung zu finden, sondern eine Lösung zu suchen!

Schritte zum »Problemlösungs-Profi«

Der erste Schritt zur Lösung eines Problems, ist die exakte DEFINITION. In der genauen Definition eines Problems, steckt immer die vollkommene Lösung.

Es gibt in Wirklichkeit keine Probleme, denn das ist ein Urteil – es gibt nur AUFGABEN und CHANCEN, an denen wir wachsen und reifen.

Ich mache mir bewusst, warum ich dieses Problem bisher nicht gelöst habe, erkenne die Hindernisse und führe eine bessere Situation (Lösung) herbei.

In JEDER Aufgabe steckt immer eine GABE. Das scheinbare Problem ist nur das »Geschenkpapier«. Ich mag die Verpackung nicht, oder kann durch sie hindurch das wahre GESCHENK nicht erkennen. Indem ich es »löse« und erkenne, kommt das Geschenk, die Gabe, zum Vorschein.

Ich gehe ganz bewusst den »Weg der Freude« und tue nichts mehr, das ich »Arbeit« nennen müsste. Sobald ich mich beim »Arbeiten« erwische, halte ich inne und komme zur Vernunft.

ALLES was ich anfange, beende ich auch erfolgreich; einfach dadurch, dass ich vorher nicht aufhöre, es erfolgreich zum Ziel zu führen. Eine Sache ist erst beendet, wenn sie wieder einmal erfolgreich abgeschlossen wurde.

Ich arbeite nach dem »Minimax-Prinzip«, das heißt mit einem minimalen Aufwand, ein maximales Ergebnis zu erzielen. So werde ich immer effektiver und erreiche immer mehr in immer weniger Zeit.

Ich erfülle ALLES, was ich tue, mit Bewusstsein und entdecke so die »Schönheit des Handelns«.

ALLES, was ich tue, tue ich vollkommen mühelos. Wenn es nicht mühelos geht, zeigt es mir auf, dass es leichter ginge und es vielleicht einen ganz anderen Weg gäbe, den ich bisher nicht berücksichtigt habe. Nur so kann ich in die »Leichtigkeit des Seins« übergehen. Ich leiste keinen Widerstand und halte nicht an Strategien fest, die eben nur Strategien sind.

JEDER Mensch ist ein Energiefeld mit einer ganz spezifischen Schwingung – seiner »energetischen Signatur«. STÄNDIG senden wir diese Energie aus und verursachen damit die »entsprechenden Ereignisse«. Ob bewusst oder unbewusst spielt hier keine Rolle.

Anstatt unbewusst unangenehme Dinge zu erschaffen, wäre es besser, bewusst angenehme Dinge zu kreieren.

Nach dem »Gesetz der Resonanz« KÖNNEN wir in unser Leben nur das ziehen, was wir bewusst oder unbewusst EINGELADEN haben. Wenn wir also bewusst Ursachen setzen und die Wirkung nicht erfolgt, dann ist unsere unbewusste Signatur stärker, das heißt ich sollte sie schulen, reinigen, überprüfen und erneuern.

Das »Notfall-Protokoll«

Was kann ich tun, wenn ich eine Situation als »schwierig« einstufe und glaube, in der Klemme zu stecken?

- Definition meiner Situation.

  Wodurch bin ich da hineingeraten?

- Zielklarheit schaffen.

  Wo will ich hin?

  Wodurch habe ich das bisher verhindert?

- Mich durch geeignete Maßnahmen aus meiner Lethargie reißen.

  Z. B. durch Sport, Musik hören, in die Natur gehen, meditieren etc.

- Wie kann ich den erwünschten Endzustand MIT EINEM SCHRITT erreichen?

  Mit welchem Schritt?

  Gibt es ein Hindernis? Wie kann ich es auflösen?

- Warum habe ich das Problem bisher noch nicht lösen können?
  Sollte ich etwas loslassen?
  Warum habe ich es noch nicht getan?
  Was hindert mich daran?

- Was würde ich einem anderen in der Situation raten?
  Stimmt das auch für mich?

- Wie ist meine »energetische Signatur«?
  Ist so eine Lösung wirklich möglich?
  Was kann ich tun, um meine »energetische Signatur« zu optimieren?

- Was könnte mich motivieren, damit ich den »not-wendigen« Schritt tue?
  Wie kann ich das erreichen?

- Was wäre ein erster Schritt, um meine Situation zu verbessern?
  Bin ich bereit diesen Schritt JETZT zu tun?
  Wer oder was könnte mir dabei helfen?

Die »Sprache der Lebensumstände« und die Botschaft des Lebens verstehen und befolgen.

WAHRES Glück bedeutet, wenn der Wunsch verblasst, es anders haben zu wollen.

Wenn man in allem die Vollkommenheit erkennt, was wollte man sich dann noch wünschen?

Die wahre Berufung finden

Ich bin mit einer bestimmten ABSICHT gekommen! Erfüllung kann ich nur finden, wenn ich diese Absicht lebe und darin meine Berufung erkenne, annehme und erfülle!

Der Beruf sollte etwas sein WOFÜR, nicht wovon man lebt!

Keiner kann in seinem Beruf erfolgreich sein, wenn er seine Arbeit nicht liebt, wenn Beruf und Berufung nicht identisch sind, der Selbstverwirklichung dient und der Allgemeinheit von Nutzem ist. Ein besonders wichtiger Schritt im Leben eines JEDEN Menschen ist die Wahl seines Berufes. In diesem Wort ist das Wort »RUF« enthalten. Der Arbeitsplatz ist als Ort der Freude und Selbstverwirklichung gedacht. Eine Tätigkeit, die einem absolut entspricht, kann man nicht »Arbeit« nennen, sondern eher als »Urlaub für immer« – und das noch bezahlt! In Wirklichkeit haben Sie ein »Stipendium in der Schule des Lebens«. Gestatten Sie dem Leben doch einfach, Sie dafür fürstlich zu bezahlen, wenn Sie genau das tun, was Ihnen ohnehin am meisten Freude bereitet. So wird die Tätigkeit zu einem STÄNDIGEN Quell der Freude und Erfüllung werden.

Sie finden Ihre Berufung, indem Sie zwei Listen machen. Auf eine Liste schreiben Sie ALLES, was Ihnen Freude bereitet und auf der anderen Liste notieren Sie all das, was Sie besonders gut können. Dann bestimmen Sie Ihre drei größten Freuden und Ihre drei größten Fähigkeiten und schon haben Sie Ihre Berufung. Befreien Sie sich aus dem »Gefängnis der Gegebenheiten« und gestalten Sie die Realität ganz nach Ihren Wünschen. Wenn Sie Ihre Berufung leben, dann brauchen Sie auch keinen Urlaub zu nehmen, denn Sie fühlen sich in der Tätigkeit sehr wohl und »arbeiten« viel mehr als früher. Wenn Sie sich jeden Abend schon auf das Tun des nächsten Tages freuen, dann haben Sie Ihre Berufung gefunden!

Es gilt, die Aufgaben des Lebens zu erkennen, anzunehmen und zu erfüllen. Durch die Wiederholung »verankern« Sie das Neue, damit es zur Gewohnheit werden kann. Das Leben stellt uns STÄNDIG vor Aufgaben. JEDE dieser Aufgaben ist eine »Chance zum Besseren«. Das Leben bietet uns dabei IMMER zuerst den »königlichen Weg der Erkenntnis« an. Wenn wir diesen Weg aber nicht gehen, weil wir ihn vielleicht gar nicht erkannt haben oder nicht bereit dazu sind, dann MÜSSEN wir den »leidvollen Weg der Erfahrungen« gehen. Es ist also IMMER UNSERE WAHL, welchen Weg wir wählen. Deshalb wählen Sie JETZT!

Wie erfinde ich mich neu?

Indem ich mir bewusst mache, dass ich in JEDEM Augenblick die Wahl habe, ALLES in meinem Leben zu ändern, auch mich selbst.

Indem ich mir bewusst mache, WER ich bin und WELCHES SPIEL ich spielen möchte und vor allem, WIE es ausgehen soll.

Durch Zielklarheit. Ich kann ALLES erreichen, aber ich muss wissen, was ich will. Hauptziel ist die Verwirklichung meiner Lebensabsicht.

Indem ich mein Mangelbewusstsein auflöse und mir ein umfassendes Wohlstandsbewusstsein erschaffe, das ALLE Aspekte meines Lebens umfasst.

Indem ich meine Aufmerksamkeit abziehe, von dem, was NICHT sein soll und auf das, was sein soll, gerichtet halte.

Indem ich mir meine »Wunschbiografie« bewusst mache und verwirkliche.

Indem ich ALLES loslasse, was mich nicht wirklich glücklich macht – vor allem meine Vergangenheit, aber auch das Ärgern, Stress etc. Auch überholte Glaubenssätze, störende Gewohnheiten und alles, was mir das Leben schwer macht, sollte verabschiedet werden.

Indem ich das »Werkzeug Mensch« optimiere. Vor allem mein Selbstbild. Ich lebe als Gewinner, indem ich meine Stärken stärke, meine Schwächen in Stärken umwandle und sinnvoll einsetze.

Indem ich das »Kapital Fehler« sinnvoll nutze, die Botschaft des Lebens und die Hinweise erkenne, die mich auf einem erfolgreichen Weg zum Ziel führen.

Indem ich dem Leben die richtigen Anweisungen gebe und mein Schicksal selbst bestimme.

Indem ich STÄNDIG sympathisch BIN und »wohlwollend« lebe.

Indem ich auch meine »energetische Signatur« STÄNDIG optimiere, denn sie allein ist mein »Dauerauftrag an das

Leben«. Dazu gehört »energetisches Management«, das heißt Gefühle und Verhaltensweisen bewusst zu lenken und unerwünschte Energien aufzulösen, BEVOR sie als Ereignis »in Erscheinung« treten können.

Indem ich CHARISMA entwickle und wirken lassen.

Indem ich meine unbewussten Signale optimiere, wie Kleidung, Gestik, Körperhaltung, Auftreten, Aussehen etc. Dazu gehört auch meine Stimme zu schulen, denn sie ist meine »hörbare Visitenkarte«.

Indem ich meiner Be-RUF-ung folge, also etwas tue, WOFÜR ich lebe und nicht, um DAVON zu leben.

Indem ich SELBSTSTÄNDIG werde und ein Experte auf einem Gebiet, das mir wirklich Freude macht.

Indem ich mir meine »Werte-Hierarchie« bewusst mache und optimiere und so wirklich MEIN Leben lebe. Dazu gehört auch die »Macht des Glaubens« zu kennen und anzuwenden.

Indem ich niemals aufgebe, BEVOR ich mein Vorhaben verwirklicht, mein Ziel sicher erreicht und wieder einmal erfolgreich war. So lebe ich als ein wahrer »Lebens-Künstler«!

Die »Wunschverwirklichungs-Technik«

Den Schlüssel zur natürlichen Fülle haben nicht nur die anderen. Auch Sie haben ihn tief in sich versteckt – halten Sie danach Ausschau und dann nutzen Sie ihn. Mit folgenden ganz einfachen drei Schritten können Sie sich Ihren Wunsch zu Eigen machen.

1. Formulieren

Einen erwünschten Endzustand in eigene Worte fassen. Damit geben Sie ihm eine erste, individuelle Form. Indem Sie ihn so »zum Ausdruck« bringen, IST er erschaffen. Damit ist die eigentliche Schöpfung vollbracht.

2. Dankbar »vollziehend erleben«

Erleben Sie den erwünschten Endzustand als erfüllt, denn dann SIND Sie bereits am Ziel. Sie HABEN es erreicht, es IST geschehen. Damit machen Sie aus einer Möglichkeit der

Zukunft, erlebte Realität der Gegenwart. Sie verbinden sich so mit der geschaffenen Form des erwünschten Endzustandes und schaffen die »Gewissheit der Erfüllung«. Dann halten Sie die Gewissheit der Erfüllung, bis Sie von einem starken Gefühl der FREUDE und DANKBARKEIT erfüllt sind. Diese Empfindung ist die »Auftragsbestätigung des Lebens«, dass der Auftrag angenommen wurde, bereits in Arbeit ist und in Kürze als Ihre erlebte Realität »in Erscheinung« treten wird.

3. »Verankern«

Sie integrieren das so erreichte Ziel in Ihrem Leben, indem es sich »verankert«, während Sie sich in der Erfüllung erleben – das heißt Sie erfahren den Endzustand so, als wäre er bereits eingetroffen und erfüllt. Das »Verankern« können Sie unterstützen, indem Sie den »Verankerungs-Punkt« ohne Druck halten. Es ist der Punkt in der Mitte der Stirn, der sich das »Dritte Auge« nennt. Sie verbinden auch das mit FREUDE und DANKBARKEIT und wiederholen es im Laufe des Tages 21-mal. Dadurch werden Erfolg verhindernde Programme gelöscht und das neue Verhalten zuverlässig »verankert«. So können Sie »gewinnen« zur Gewohnheit machen. Sie bleiben in der »Gewissheit der Erfüllung«, bis es als Ihre erlebte Realität »in Erscheinung« tritt und lassen es los. Seien Sie sich gewiss, dass es völlig mühelos, ohne Anstrengung und ganz von selbst »geschieht«.

Sagen wir JA zum Leben

JA sagen zum Leben heißt, ganz bewusst ALLES annehmen, was IST – frei von Urteilen und Wertungen und vollkommen mühelos. Ein »JEIN« zerreißt uns, denn es ist weder – noch. Ein JA hingegen bringt Klarheit in unser Leben und ist das Fundament für Freude und Dankbarkeit.

Dein JA verbindet, die Dualität wird zu dem EINEN SEIN und erlaubt uns, das Spiel zu durchschauen. Ein JA befreit uns von jedem Zweifel und ist über allem erhaben.

Durch unser klares JA werden die Gegensätze von JA und NEIN zu Geschwistern. Unser JA ist ein Kompass, der uns sicher den Weg zeigt – UNSEREN Weg, denn es ist unser JA.

Manchmal erscheint es uns unmöglich JA zu sagen, aber erst durch dieses JA öffnet sich eine Türe, es entsteht ein Weg und es geht weiter. Ein NEIN blockiert und ein JA befreit, wenn es nicht nur über unsere Lippen fließt, sondern auch von Herzen kommt.

Fangen wir also damit an, ein erstes JA dem zu geben, was gerade IST – ganz gleich, WAS es ist. Sagen wir einfach JA und erleben wir bewusst, was dadurch geschieht. Ein JA zu ALLEM was ist, bedeutet, den Widerstand aufzugeben, denn ein NEIN heißt, die Schöpfung nicht zu respektieren.

Mit einem JA beschenken wir uns SELBST und ALLES, was ist, wird in Sanftheit gebettet. Da ALLES eins ist, ist ein JA zu uns SELBST automatisch ein JA zu ALLEM. Alles das, was dieses Leben wertvoll macht, beginnt mit einem JA.

Ein JA verzeiht und versöhnt – es reißt Mauern ein und baut Brücken zueinander. Unser JA beendet alles Leid. Es ist die Zusammenfassung höchster Weisheit, der letzten Erkenntnis und es wohnt in einem Wort.

JA ist auch die Bereitschaft gehen zu lassen, was sich lösen will. Frei zu geben, um frei zu sein. JA ist der Respekt vor der Vielfalt des Lebens, als Ausdruck des EINEN. Erst unser bedingungsloses JA ermöglicht ein Leben, das sich in der »Leichtigkeit des SEINS« wiederfindet. JA bedeutet in »heiterer Gelassenheit« zu sein, wie auch immer die Umstände sich zeigen.

JA ist ein Ausdruck vollkommener Liebe zur Schöpfung. Unser JA beendet alle Suche, weil in allem das JA innewohnt. JA ist die lebendige »Präsenz des SEINS«. Es ist unsere wahre Natur. JA ist das »Tor zur Freiheit«. JA sagen bringt uns ins JETZT, in das, was jetzt IST – als das, was wir sind.

JA ist der »Schlüssel zur Erfüllung«. JA sagen heißt, gefunden zu haben, anstatt zu suchen. Ein JA ist die Voraussetzung für ein glückliches MITEINANDER. Unser JA bringt uns SOFORT ins JETZT, es bedeutet willkommen zu heißen, was IST.

JA ist wunschlose Vollkommenheit, im Ein-Klang mit dem EINEN SEIN zu leben. Sagen wir also JA zu unserem SELBST, unserem SOSEIN, zu dem Schöpfer, der wir SIND. JA ist die Antwort auf ALLE Fragen. JA sagen heißt, ein »Liebender« zu SEIN. Sagen wir einfach JA und wir SIND in uns »angekommen«.

Ein Lebenskünstler sein

Nun, jetzt wissen Sie bereits, dass wenn immer Sie sich anstrengen, es auch leichter gehen würde. Also erkennen Sie den leichteren Weg und dann gehen Sie ihn, denn es nur zu wissen, reicht nicht aus. Anstrengung ist etwas völlig Unnatürliches, denn alles, was SCHWER geht, ist so nicht vom Schöpfungsplan gedacht. Wenn es schwierig erscheint, dann bringt es nichts, die Situation mit Gewalt aufrechtzuerhalten. Ein Lebenskünstler weiß, dass man Dinge, die schwer gehen oder nicht zu einem gehören, einfach loslassen soll. Loslassen erscheint vorerst schwierig, in Wirklichkeit aber ist es Befreiung PUR!

Ein Lebenskünstler schaut nie nach hinten und auch nicht nach vorne. Er lebt im Hier und JETZT und weiß, wenn er HIER ist und bewusst erlebt, dann kann die Zukunft nur harmonisch erfolgen. Er weiß, dass er sich für das Erwünschte »magnetisch« machen kann und nur er seine Situationen formt.

Wie oft man auch hinfallen mag, soll keine Rolle spielen. Sofort aufzustehen und die Situation zu BEJAHEN ist die wahre Kunst im Leben.

Alle Menschen sehnen sich nach Wohlstand. Nur was ist das überhaupt? Viele Menschen verwechseln Wohlstand mit materiellem Wohlstand, aber wahrer Wohlstand bedeutet sehr viel mehr, als nur genügend Geld zu haben. Das Wort selbst sagt ja schon aus, dass alles zum »Wohle steht«, das heißt also, dass wir alles als harmonisch empfinden. Fangen Sie deshalb an, wirklich »märchenhaft« zu leben, denn es ist ein faszinierendes Abenteuer, unser natürliches Potenzial wieder zu entdecken. Und haben wir erst erkannt, WER oder WAS wir in Wirklichkeit sind, dann werden alle Wünsche und Fragen verblassen.

Verzaubern Sie Ihren Alltag. Lernen Sie die Kunst, aus einem ganz normalen Alltag etwas ganz Besonderes zu machen. »Zelebrieren« Sie Ihr Leben und lassen Sie ALLES los, was Sie noch vom WAHRHAFTIGEN Leben trennt. Die Erwartungen der anderen gehören nicht zu Ihnen – sagen Sie »bedingungslos« JA. Genießen Sie den Weg, denn Sie werden genau DIESEN Weg kein zweites Mal gehen. Sie müssen auch kein Ziel erreichen, denn Sie SIND nicht AM Ziel – Sie selbst SIND das ZIEL. Sie brauchen also auch nicht mehr »vorwärts« zu kommen oder irgendwohin zu gelangen. Wenn

Sie ganz »DA« sind, sind Sie da, wo das Leben ist, denn das Leben ist nicht vorhin und nicht nachher, sondern immer nur HIER und JETZT!

Sie sind etwas ganz Besonderes. Sie sind einmalig, stehen Sie dazu. Leben kann so viel mehr sein, als nur älter zu werden. Hören Sie auf zu werden und fangen Sie an zu SEIN. Beginnen Sie JETZT, in DIESEM Augenblick so zu sein, dass Sie am Ende sagen können: »Ich habe WIRKLICH gelebt«.

Wir können JEDERZEIT wieder in die vergessene Vollmacht eintreten, die Schöpfung mit zu gestalten und unsere Zukunft, unser Schicksal frei zu bestimmen – wieder zu leben, so wie wir von der Schöpfung »gemeint« sind: MEISTERLICHE WESEN.

Leben besteht NUR aus DIESEM Augenblick, nämlich JETZT. Auch die Zukunft beginnt in DIESEM Augenblick. Es ist alles, was Sie haben – diesen EINEN, KOSTBAREN AUGENBLICK. Das tiefste Geheimnis ist, dass das Leben nicht ein Entdeckungsprozess, sondern ein permanenter Schöpfungsprozess ist, eine Entdeckungsreise auf dem Weg zu sich SELBST.

Zu Bewusstsein kommen

Zu Bewusstsein zu kommen ist ein unverzichtbarer Schritt. Dabei gilt es die Aufgaben zu lösen, die unmittelbar vor uns liegen und die zum größten Teil ein nicht erwachtes Bewusstsein verursacht hat. Die Krise der Welt ist vor allem eine Krise des Bewusstseins. In der Vergangenheit führte das erwachte Bewusstsein zu einem persönlichen Fortschritt und stärkerem Wohlergehen. Heute ist es unverzichtbar für unser kollektives Überleben. Erwachen ist »er-innern«, was ich WIRKLICH bin.

Wenn ich mir bewusst bin, dass ich der bewusste Schöpfer aller Lebensumstände bin, dann brauche ich mich auch bei niemandem mehr zu beklagen. So kann ich die Verantwortung für mein TUN ganz bewusst übernehmen und wissen, alle meine Gedanken, Gefühle und Handlungen ziehen Wirkungen nach sich. So wie ich von der Schöpfung »gemeint« bin, muss ich nicht WERDEN, sondern ich kann nur entdecken, dass ich es immer war, immer sein werde und in jedem Moment bin. Mein Körper, mein Ego und mein Verstand sind vergänglich. Das sind Dinge, die ich habe, die ich aber nicht bin. Das, was »ich bin« ist die Seele und die sitzt tiefer – sie verbirgt sich hinter all den Dingen, die man über die Sinne wahrnehmen kann.

Solange ich mich aber mit meinem Körper identifiziere und mir einbilde dieser zu sein, werde ich immer Probleme »empfinden«, weil ich mich im Lebensfeld bewege und das heißt: DUALITÄT. Wenn ich also denke, eine Persönlichkeit zu sein und diese meine Realität ist, solange KANN ich auch nicht »aufwachen«. Warum? Weil ich glaube, wach zu sein. Das »Problem« ist, dass der Verstand nach Auswegen sucht und ständig Lösungen will. Dabei glaubt er aber real zu sein und in Wirklichkeit ist er selbst nur Illusion. Solange ich mich also über meine Sinne definiere, erlebe ich mich auch als Opfer der Umstände. Diese EINBILDUNG führt dazu, dass ich die Erfüllung meiner Wünsche von außen ERWARTE. Ich bin gefangen in der »Illusion der scheinbaren Realität«. Erwachen bzw. erkennen KANN ich nur, indem ich mich wieder zurückerinnere – an die Wirklichkeit meines wahren SEINS. Doch diese Rückerinnerung kann durch keine Übung im Außen herbeigeführt werden, denn sie geschieht ausnahmslos in der Stille. Wenn ich meine Augen schließe, werde ich der Wirklichkeit begegnen. Alles, was ich mit geöffneten

Augen erlebe, kann ich zwar als angenehm empfinden, doch es führt mich nicht zu meiner wahren Identität zurück.

Wenn ich mich als den bewussten Schöpfer aller Lebensumstände erkennen will, dann sollte ich mein Leben neu ausrichten. Der Schwerpunkt liegt dann in der Verlagerung nach INNEN und das Außen wird bedeutungslos. Das heißt aber nicht, dass ich nicht ein ganz normales Leben führen kann. Im Gegenteil! Alle erwachten »Meister« leben ein ganz normales Leben. Von außen ist es auch nicht auf Anhieb zu erkennen. Es ist ein Leben voller Liebe und Hingabe, Demut, Achtsamkeit und Stille und doch findet es MITTEN UNTER UNS statt.

Das EGO bin »ICH« nicht, es ist nur eine Vorstellung von mir. Es gibt nur ein wahres ICH und das ist ewig. Es hat mit einer Person nichts zu tun, es ist nur so, dass wir dieses ICH fälschlicherweise für eine Körperbezeichnung, für einen Körper »verwenden«, den wir zwar haben, aber der wir nicht sind.

Sobald die »Illusion des ICH« als Illusion erkannt wird, löst sie sich auf und an die Stelle der Vorstellung von einem »mir«, tritt die Wirklichkeit des SEINS hervor. Das Ego verwechselt HABEN und SEIN. Es glaubt »Je mehr ich habe, desto mehr bin ich!«, aber mein SEIN kann ich gar nicht vermehren. Da das EGO spürt, dass es nicht wirklich ist, versucht es ständig mehr zu haben, in der Meinung, dann auch mehr zu sein. Weil es aber dadurch nicht wirklich mehr wird, will es immer mehr und mehr, ohne je »satt« zu werden. Solange ein Mensch in der »Illusion des ICH« lebt, lebt er im Leid, das ihn dazu zwingt, einen Schritt zu tun, um diesem Leid zu entfliehen. Dieses Leiden ist nicht der Schmerz, der Kummer oder die Not, vielmehr ist es das »immer-wieder-Kommen-Müssen«, das uns im Ablauf des Geburts- und Todesspiels« immer wieder auftauchen lässt. Wir werden solange unsere Erfahrungen machen, bis wir uns erkannt haben und zu Gott heimgekehrt sind.

Ein einfacher Weg, um »zu Bewusstsein« zu kommen, geschieht über das Atmen. Halten Sie einfach nur Ihre Aufmerksamkeit auf Ihren Atem gerichtet und bewerten Sie nichts. Frei von Gedanken können Sie den Atem beobachten und sich einen inneren Freiraum erschaffen. Das Besondere am Atem IST, dass er keine Form hat – er ist formlos und frei. Wenn Sie Ihre Aufmerksamkeit immer wieder nach innen verlagern, indem das über den Atem geschieht, führt Sie das unmittelbar ins JETZT. Sie können ja nicht gut vorher oder nachher atmen, atmen können Sie immer nur JETZT. Sobald Sie Ihre Aufmerksamkeit auf Ihr Wahres SEIN richten, beginnt das Bewusstsein zu erwachen, oder besser, Sie werden sich Ihrer selbst bewusst, denn Bewusstsein ist immer wach und präsent. Mit dem Erwachen des Bewusstseins entfällt das Denken und wird umfassend durch die unmittelbare Wahrnehmung dessen, was IST, ersetzt. Mit dem Denken verschwindet das »ICH«, das es ohnehin nie gegeben hat. Dann leben Sie als erwachtes Bewusstsein, als Beobachter in der ständigen Präsenz des SEINS. Der Traum ist zu Ende, die wahre Identität wird bewusst als die ewige Gegenwart des ICH BIN erfahren. Dadurch wird der »Fluss des SEINS« immer deutlicher spürbar und Sie werden spüren, dass Sie nichts außer reines BEWUSSTSEIN sind.

Je öfter und je länger Sie Ihre Aufmerksamkeit auf Ihr Wahres SEIN richten und gerichtet halten, desto stärker werden Sie es auch fühlen, um es als Ihre wahre Identität zu erkennen. Sobald Sie den Schritt »zu Bewusstsein kommen« vollzogen haben, sind die »Geburtswehen« in Ihrem Leben aufgelöst, die Probleme verschwinden und was bleibt, sind interessante Aufgaben und Herausforderungen. Erst dann sind Sie bereit, den Blick zu erheben, weil Sie sich als Aufgabe gelöst haben und sich Ihrer eigentlichen Aufgabe zuwenden können: die Schöpfung mitzugestalten. Die natürliche Fülle tritt auf ALLEN Ebenen des SEINS in Erscheinung, weil Sie selbst die FÜLLE sind. Wann immer Sie »ICH« sagen, meinen Sie wirklich sich SELBST, denn Sie KÖNNEN nur zu dem wirklichen ICH »ICH« sagen.

Die Wahlmöglichkeiten, die uns das Leben bietet, sind abhängig vom jeweiligen Bewusstsein. Deshalb sollte man sich um das bewusste SEIN kümmern und nicht um das illusorische Weltliche, indem man ständig umherirrt und ist. Indem Sie Ihr erwachtes Bewusstsein auf einen Aspekt des Lebens richten, beginnt er sich zu verwandeln und es »geschieht« alles vollkommen mühelos. Sie erleben, dass Sie viel mehr sind, als der kleine Mensch, als der Sie »in Erscheinung« treten und erwachen zu Ihrer eigenen Größe. Es ist die Rückkehr in die vergessene Allmacht.

Nur ein Schritt in die Wirklichkeit

Bevor Sie den einen Schritt in die Wirklichkeit wagen, sollten Sie folgende Dinge beherzigen: Leben Sie Ihren »Little Buddha im Alltag«, beginnen Sie ein »Liebender« zu SEIN. Erwecken Sie Ihr Charisma und stärken Sie sich durch das PUBO-Training. Beginnen Sie den Tag »stimmig« und erfüllen Sie ihn. Und hat es einmal nicht geklappt, dann erleben Sie ihn NEU und erleben Sie ihn um – erfüllen Sie ihn am Abend, indem Sie eine Rückschau machen, wie der Tag hätte sein sollen. So korrigieren Sie Unstimmigkeiten umgehend und unangenehme Wirkungen werden revidiert. Essen Sie nur »GESEGNETES ESSEN« und lichtvolle Nahrung. Machen Sie aus JEDEM TAG etwas Besonderes, indem Sie DANKBARKEIT leben.

»Heitere Gelassenheit« und eine gesunde Portion Humor werden Ihnen die notwenige Leichtigkeit geben. Die Stärke finden Sie im Innersten, sobald Sie den ILLUSIONEN die Aufmerksamkeit entziehen. All diese kleinen Hilfestellungen werden Sie vorbereiten, damit Sie es wagen, den einen Schritt zu tun.

Dieser eine Schritt bedeutet: Die Aufmerksamkeit auf Ihr Wahres SEIN zu richten und sich beim Leben »zuschauen«. Sie beobachten sich ALS SICH SELBST. Das ist der Eintritt in ein ganz neues Leben, denn worauf Sie Ihre Aufmerksamkeit richten, dorthin fließt Ihre Schöpferkraft und verwirklicht genau das, was Sie mit Ihrem Bewusstsein »fokussieren«. Ist Ihre Aufmerksamkeit auf Ihr Wahres SEIN gerichtet, dann beginnt DAS Ihr Leben zu bestimmen.

Denken Sie auch daran, ab sofort alten Gewohnheiten nicht mehr zu folgen, sondern entscheiden Sie sich in jedem Moment neu. Entscheiden Sie sich in jedem TUN immer erst dann, wenn Sie es tun. Erhöhen Sie Ihre Schwingung, gehen Sie in sich und richten Sie Ihre Aufmerksamkeit auf Ihr Bewusstsein und dann erst treffen Sie eine Entscheidung und zwar ALS SIE SELBST. Ihre Verstandesentscheidungen können Sie ablegen und Ihre Persönlichkeit kann auch keine Lösung wissen, denn die Antwort liegt immer tiefer. Nicht mehr das »persönliche ICH« bestimmt, sondern Ihr höheres ICH, Ihr Wahres SEIN übernimmt diese Aufgabe. Vertrauen Sie darauf, dass Sie immer absolut passend gelenkt werden, auch wenn Sie es im Verstand nicht nachvollziehen können. Dann erst kann Ihr wahres Leben beginnen, denn es wird wahrhaftig sein.

Ein Leben ALS Sie SELBST funktioniert und erzeugt keine Missverständnisse mehr.

Es ist also nur ein Schritt in Ihr wahres Leben und ein Sprung in Ihrer Ent-Wicklung. Dabei richten Sie Ihre Aufmerksamkeit auf Ihren wahren Körper, der für die Augen unsichtbar ist. Dieser wahre Körper ist ein Energiekörper, der Ihren Körper bewohnt. Er ist vollkommen gesund, ALTER-los und KARMA-frei, unsterblich und zeitlos im ewigen JETZT. So leben Sie Ihr Leben bewusst als vollkommenes, ewiges SEIN in der natürlichen Fülle und in der eigenen, natürlichen Vollkommenheit. Nicht irgendwann, sondern JETZT – für immer!

WENN MAN DENKT,
MAN HAT ALLES ERREICHT,
DANN IST ES AN DER ZEIT,
DEN NÄCHSTEN SCHRITT ZU TUN.

Über den Autor

Kurt Tepperwein wurde 1932 in Lobenstein geboren. Er war erfolgreicher Unternehmer und langjähriger Unternehmensberater, bis er sich 1973 aus dem Wirtschaftsleben zurückzog und Heilpraktiker sowie Bewusstseinsforscher wurde, um nach den wahren Ursachen von Krankheit und Leid zu suchen.

In seiner Naturheilpraxis hielt er für seine Patienten Seminare ab, die so großen Anklang fanden, dass sie heute in vielen Ländern veranstaltet werden. Er absolvierte vielfältige Ausbildungen und erfuhr unzählige Ehrungen. Seit 1997 ist Kurt Tepperwein Dozent an der »Internationalen Akademie der Wissenschaften«, wo er das von ihm etablierte Mentaltraining unterrichtet. Kurt Tepperwein hat bislang mehr als 80 Bücher und Hunderte von Videos, DVDs sowie Audio-CDs veröffentlicht.

Kurt Tepperwein

Selbstbewusstes Selbstvertrauen

Warum gibt es Menschen, die voller Selbstvertrauen sind, und solche, die zögerlich und zurückhaltend sind? Warum gibt es erfolgreiche und reiche oder eben auch welche, die immer noch auf der Suche sind und ihr Leben irgendwie nicht auf die Reihe bekommen?
Kurt Tepperwein zeigt uns, warum dies so ist und wie JEDER erfolgreich werden kann, unangestrengt und garantiert. Jeder kann eine strahlende Persönlichkeit erlangen und Ruhe, Gelassenheit und Fröhlichkeit ausstrahlen. In unserem Selbstsein sind wir alle perfekt, hier erfährst du, wie es funktioniert.

160 Seiten, 2-farbig, broschiert · ISBN 978-3-96933-039-5 · € [D] 14,00

Kurt Tepperwein

Das Erfolgs-Mindset

Zeitlos, inspirierend, wertvoll

Frust, Angst, Zweifel ade – und hallo Selbstsicherheit, Erfolg und Harmonie.
So einfach? Ja, mit der revolutionären Methode des Mindset können Sie Ihren Sorgen endlich Lebewohl sagen und sich auf ein Leben in Freude und Fülle freuen.
Kurt Tepperwein hat hilfreiche Gedanken gesammelt, die Sie erkennen lassen, wer Sie wirklich sind, was Sie vom Leben erwarten dürfen und welche Aufgabe Sie persönlich erfüllen sollen.
Wertvolles Wissen, das Sie regelrecht umprogrammiert auf das Leben, das Sie sich immer erträumt haben.

160 Seiten, durchgehend farbig, broschiert · ISBN 978-3-89845-668-5 · € [D] 15,00

Kurt Tepperwein

Was immer du willst

Magnetisch anziehen, was Freude macht

Jeder Mensch besitzt magnetische Kräfte. Er strahlt nicht nur etwas aus, sondern verfügt auch über eine unbewusste Anziehungskraft. Kurt Tepperwein zeigt Ihnen, wie Sie Ihre Magnetkräfte aktivieren können, um Ihrem Leben eine Richtung zu geben, die nicht nur befriedigend ist, sondern die Sie wirklich zufrieden und glücklich macht. Wenn Sie also magnetisch anziehen wollen, was Freude macht, halten Sie das richtige Buch in der Hand. Es ist an der Zeit, dass Sie bekommen, was immer Sie wollen!

136 Seiten, broschiert · ISBN 978-3-89845-608-1 · € [D] 14,00

Silke Gramer-Rottler

Was uns alle trägt

Die Kraft des Urvertrauens in einer reizüberfluteten Welt

Wir leben in einer schnelllebigen Welt, in der Hektik, Ignoranz und Ängste unseren Alltag bestimmen. Silke Gramer-Rottler zeigt uns, wie wir zurückfinden können zur berühmten Leichtigkeit des Seins. Sie erklärt uns, wie wir in unserem Leben wieder Raum schaffen können für die wesentlichen Dinge und wie dadurch die ganzen Unsicherheiten des Alltags verschwinden.
Dieses inspirierende Buch fordert uns alle auf, innezuhalten in unserer schnelllebigen, reizüberfluteten Welt und uns auf den Weg zu machen, unseren Ängsten zu begegnen, um zu erfahren, dass das Leben uns trägt.

120 Seiten, 2-farbig, broschiert · ISBN 978-3-89845-452-0 · € [D] 12,95

Melani B

Wortinspirationen für neue Blickwinkel

Tagesimpulse, um ins Tun zu kommen

Erlebe dich neu!
Lass dich durch die bunte Vielfalt der Wortinspirationen berühren.
Durch eigene Eintragungen unter den Impulsen hast du die wundervolle Möglichkeit, Anregungen, neue Sichtweisen und Ideen sowie einen klaren Blick für eigenes Erfühlen, Erkennen und Handeln zu gewinnen. Eine spannende Reise zu dir selbst beginnt. Denn die beste Zeit ist immer jetzt. Neue Blickwinkel lohnen sich immer!

144 Seiten, 2-farbig, broschiert · ISBN 978-3-89845-667-8 · € [D] 10,00

Anja Reimuth, FrauAndrea

Club der Macher:innen

Überwinde deine Grenzen für ein geiles Leben

Für alle, die mehr in ihrem Leben erreichen wollen.
Anja und Andrea sind in ihrem Leben schon oft gestolpert und sogar gefallen. Sie zeigen dir in ihrer charmanten und dennoch tiefgreifenden Art, wie auch du die Herausforderungen deines Lebens meisterst.
Die Autorinnen haben sich auf den Weg gemacht, uns mitzunehmen auf die Reise in das Schönste, was uns das Universum zu bieten hat: unser geiles Leben.
»Ich bin begeistert zu sehen, mit welcher Lebensfreude sie andere Menschen auf ihren Wegen begleiten und ihnen zur Seite stehen.« – Anke Rositzke

160 Seiten, durchgehend farbig, broschiert · ISBN 978-3-96933-043-2 · € [D] 14,00

Franziska Krattinger

Triff deine Vergangenheit, verstehe deine Gegenwart, erschaffe deine Zukunft

Dein Pentagramm des Lebens

Ist unser Schicksal vorbestimmt oder können wir es beeinflussen? Jede Seele tritt ihr Leben nach einem vorgewählten Programm an, nach welchem sie den Sinn ihres Daseins erkennen und sich von Ängsten und Zwängen befreien kann. Dadurch werden wir die Lösung für unsere Probleme finden, uns selbst befreien und unser Leben neu bestimmen.
Mit der Pentagramm-Analyse werden wir unsere Vergangenheit verstehen, unsere Gegenwart annehmen und unserer Zukunft begegnen.
Befreie deine Gefühle und erkenne deine Stärke, Kraft und Möglichkeiten

528 Seiten, gebunden · ISBN 978-3-96933-061-6 · € [D] 36,00

Vadim Zeland

TransSurfing to go

Vadim Zeland zeigt Ihnen, wie Sie sich endlich das Leben formen können, das Sie schon immer führen wollten. Falls Sie es wagen, den Rahmen des scheinbar feststehenden Algorithmus »Denke wie alle – handle wie alle – sei wie alle« zu verlassen, werden sich Ihre Möglichkeiten und Chancen weit über die Grenzen des für alle anderen Erreichbaren hinaus ausdehnen!
In »TransSurfing to go« fasst der Erfolgsautor alle relevanten Prinzipien der Methode kompakt zusammen und hilft Ihnen, sie zur richtigen Zeit zu verwenden. Einfach zu lesen – einfach anzuwenden.

240 Seiten, gebunden, mit abgerundeten Ecken · ISBN 978-3-89845-569-5 · € [D] 16,95

Anjana Gill

77 Lifehacks zur Wunscherfüllung

Tipps & Tricks: Erfolg mit dem Universum

Was immer auch dein Wunsch ist – es gibt 77 Tipps und Tricks für eine schnelle Erfüllung, die du unbedingt kennen solltest. Anjana Gill zeigt dir diese Tipps und auch, welche Fallen und Hindernisse du unbedingt vermeiden solltest, die deine Erfüllung bisher vielleicht verhindert haben. Nimm dieses Buch einfach in deine Hände und frage, was du gerade beachten sollst – und nun schlage eine Seite auf. Jetzt kann die Erfüllung nichts mehr stoppen – nicht einmal deine alten Glaubenssätze.
In 3 Monaten sieht deine Welt ganz anders aus. Du und das Universum – jetzt ist alles möglich.

176 Seiten, durchgehend farbig, gebunden · ISBN 978-3-96933-019-7 · € [D] 16,00

Franz Huber

Vom Suchen und Finden des Wunderbaren

Herbert und die Bäume

Welche Sehnsucht bringt uns dazu, jeden Morgen aufzustehen und neue Herausforderungen zu suchen?
Herbert und der Autor beantworten diese Frage. Herbert spürt eine besondere Verbundenheit mit Bäumen, die ihm Kraft, Erfahrung und Weisheit weitergeben. Begleiten Sie die beiden von einem Erlebnis zum Nächsten, und Ihr Blick für die kleinen, aber wertvollen Dinge des Lebens wird sich öffnen.
Die Sehnsucht nach etwas Außerordentlichem findet hier ihre Erfüllung im Erleben des Wunderbaren.

384 Seiten, broschiert · ISBN 978-3-96933-046-3 · € [D] 20,00

Notizen